W0327348

NOS VIES DE CONS DE A À Z

Pascal Fioretto

Nos vies de CONS de A à Z

Éditeur : Stéphane Chabenat
Suivi éditorial : Bénédicte Gaillard, Pauline Labbé
Conception graphique : Pinkart Ltd
Conception couverture : MaGwen

Les éditions de **l'Opportun**
16, rue Dupetit-Thouars
75003 PARIS

www.editionsopportun.com

À Marco,

ré-enchanteur du monde.

"Life is a bitch, and then you die"
Proverbe anglais

JE SUIS DE MON ÉPOQUE, POURQUOI PAS VOUS ?

« Il faut être absolument moderne » a bien dit Rimbaud.

Moi-même, depuis des années, je m'accroche de toutes mes forces à la crinière de cette modernité galopante que rien ni personne, à part le mur vers lequel elle fonce, ne pourra arrêter.

En un mot, je vis avec mon temps. Je télédéclare mes impôts, je composte mes billets et mes déchets, je dématérialise mon banquier, je convivialise à la Fête des voisins, je snapchate sur mon smartphone... Et souvent aussi, je m'égare dans la jungle de l'absolue modernité.

Et ça m'énerve.

D'où l'idée de ce petit dictionnaire qui non seulement répond – par ordre alphabétique – à la question « Quoi de neuf ? » mais qui cache aussi dans ses pages une ambition plus haute que son prix si bas : traiter de l'inconvénient d'être né à l'ère des TGV Zen, de la luminothérapie, des presse-citrons Starck, des métrosexuels, des poubelles jaunes, des omégas 3, des blogs, des Pods, des Pads, des box et des éléments de langages... Bref, tout ce qui fait mon époque à la con.

Qui est aussi, je le crains, un peu la vôtre.

AVERTISSEMENT

Malgré le soin que nous apportons à la confection de nos ouvrages, il est possible que des mots français (*french words*) se soient glissés dans ces pages. L'auteur n'y a pas eu recours par facilité ou paresse mais uniquement parce qu'il n'a pas trouvé leur équivalent anglais.

LE MOT DE L'ÉDITEUR

Ce siècle avait 8 ans quand Pascal Fioretto est venu me trouver avec, au fond de son vieux PC sous Windows 95, les notes éparses de ce qui allait devenir le *Petit dictionnaire énervé de nos vies de cons*. Dès notre première rencontre, j'ai compris, à sa coupe de cheveux déstructurée, que ce type était un visionnaire, doublé d'un sociologue et triplé d'un moraliste. Une sorte de Juvénal *reloaded*, me dis-je en mon for intérieur (car, à l'époque, on ne parlait pas encore de 3.0).

Presque 10 ans plus tard, les milliers d'exemplaires vendus, ou volés, de ce petit précis de modernitude ont confirmé mon intuition première : la mode est au désarroi contemporain et Fioretto en parle si bien qu'il faudrait être fou pour ne pas en profiter.

D'où cette troisième édition.

Stéphane Chabenat – Éditeur à Paris.

A COMME…

ACTRICE (Jeune)

Fais-moi la moue dans la cuisine

Pétrie de cours Florent, elle espère toujours un coup de téléphone (sur son portable, son fixe, celui de sa mère, de sa meilleure copine ou du McDo dans lequel elle bosse un midi sur deux). Elle est toujours prête à perdre 12 kg pour habiter une fille mère anorexique dans un film exigeant, à se mettre à nu s'il faut s'enrhumer, à parler faux pour sonner juste et à dépasser la forme pour toucher le fond. Elle ne « tourne » pas de films, elle « fait des rencontres » dans des histoires de trentenaires cabossés par la vie où l'on se déchire devant l'évier de la cuisine. Ses spécialités incontestées sont la mise en danger, le claquage de porte, le cri, le gémissement et la moue. La moue lui permet d'exprimer le bonheur, le désir, l'énervement, l'envie, la fierté, la tendresse, l'amertume, l'écœurement, la révolte, la tristesse, le mépris, la joie, le découragement, l'ennui, la nostalgie, la terreur, l'incrédulité, l'excitation, la rage, la crainte, la surprise, la haine, la panique, le chagrin, la colère, la jouissance, l'exaspération, le désenchantement, la fureur, le dédain, le désespoir, la douleur, le désœuvrement, l'amour fou, le dégoût, l'ennui, la gourmandise et la perplexité. Les plus douées parviennent même à crier à voix basse à l'oreille du corps impatient de leur amant du Pont Neuf qui n'entend plus la guitare et s'en fout la mort.

Quand la jeune actrice française réussit à épouser un producteur et que sa carrière décolle enfin, elle prend sa revanche au théâtre d'où on l'avait chassée dans sa jeunesse pour cabotinage abusif. Devant le tout-Paris incrédule, elle postillonne chaque soir un grand rôle du répertoire classique, en costume et alexandrins d'époque. La presse est unanime, le public debout, les photos sublimes et les propositions nombreuses. Devenue césarisable, la jeune actrice française n'accepte désormais plus que des biopics où elle est susceptible de crever l'écran et les yeux de la critique.

Les moins chanceuses enregistrent un disque où elles susurrent leur désespoir de ne pas savoir chanter en attendant de trouver une pub pour le jambon à la hauteur de leur talent.

ADSL

I want to break Free

Deux ou trois fois par mois, Free me coupe la télé. Soudain, pendant mon émission préférée, Cyril Hanouna se pixélise pile au moment où il allait mettre du dentifrice dans le string d'une de ses chroniqueuses. Aussitôt, fou de rage, j'appelle le S.A.V de Free. Comme « en raison d'un grand nombre d'appels », mon « temps d'attente estimé » est de « 20 minutes environ », j'en profite pour faire du repassage en écoutant la musique entraînante du standard et, une heure ou deux plus tard, j'ai un « conseiller Free » au bout du fil :

Lui : Vous n'avez pas eu d'orage ?

Moi : Non, toujours pas depuis la semaine dernière. Mais ça va finir par arriver depuis le temps qu'on en parle.

Lui : Coupure de courant ?

Moi : Non, pour l'électricité je ne suis pas chez Free, je suis chez Enercoop.

Lui : Depuis combien de temps constatez-vous le dysfonctionnement ?

Moi : Aujourd'hui, depuis 2 heures mais sinon depuis que je suis chez Free.

Le type au bout du fil, issu des minorités audibles, a l'air aussi las de vivre que moi mais lui, il est obligé de faire bonne figure. D'autant qu'à l'issue du coup de fil, il sait que je vais le noter en tapant de 1 à 4 sur mon téléphone. Comme je suis un mec plutôt en marche et bienveillant, je lui mets toujours 2 pour pas que son chef l'emmerde (mais pas plus pour pas qu'il se croie tout permis).

Les 14 techniciens que Free a envoyés à mon domicile pour vérifier que j'avais branché correctement ma Freebox sont formels : le problème ne vient pas de chez Free mais de chez « l'opérateur historique » (ils n'ont pas le droit de prononcer « France Télécom » à voix haute). Les baisses inopinées de débit sont donc dues à la bonne vieille ligne en cuivre des PTT qui serait aussi corrodée que la cuve de l'EPR de Flamanville. Admettons, mais alors pourquoi paie-je plein pot un service qui ne m'est fourni que si le temps est sec et la nuit étoilée ? À force de fréquenter les forums de discussion, j'ai appris que « le FAI vérifie l'xDSL sur le DSLAM et que, selon l'ARCEP, si la boucle locale du DRA est impactée, le FAI peut l'imputer à l'IP client ». Après quelques tâtonnements, je suis parvenu à traduire tout cela en français : c'est à l'utilisateur de se démerder avec l'opérateur historique pour qu'il passe son câble en cuivre au Mirror.

ADULESCENT

Le temps ne fait rien à l'affaire

Alors que l'ado normal rêve de plaquer ses vieux et de refaire le monde pourri qu'ils lui laisseront, l'adulescent (cet ancien jeune persuadé que l'immaturité empêche de vieillir) réclame plus d'argent de poche pour s'acheter une trottinette électrique et aller jouer au paintball avec ses copains. Capricieux (j'arrête de me laver tant que je n'aurai pas la nouvelle Nintendo

Switch), niaiseux (ça y'est, j'ai acheté le nouveau Zelda), coincé au stade oral (j'ai fini tous les Chamalows, j'ai mal à mon ventre) et narcissique (je suis hyper looké avec mes claquettes-chaussettes Adidas), l'adu s'acharne à faire durer indéfiniment le stade tête à claques qui caractérise l'enfant post-Dolto.

Avec son profil de gamin gâté prêt à tuer pour posséder le dernier iPad, l'adulescent est un pigeon en or massif pour le communicant qui la joue copain potache avec lui. À condition de faire simple et fun, car l'adulescent n'aime pas les idées compliquées, surtout si elles sont politiques.

La palette de ses états psychologiques est également réduite. S'il est content, il met sa casquette à l'envers et sort faire du skate . S'il en a gros sur la patate, il donne un coup de poing dans le frigo quitte à faire tomber tous ses magnets des X-men. Et si vraiment il a les nerfs, il met Arcade Fire à fond pour réveiller ses parents. Le reste du temps, l'adu fait du phoning sous-payé, du trading surpayé ou du glanding bénévole avec ses potes, des filles et des garçons comme lui qui connaissent tous les épisodes de *Friends* par cœur, mangent des Ben & Jerry's aux Smarties et boivent des Yops au Red Bull.

Côté affectif aussi, l'adu est resté bloqué au stade prépubère. Son côté « grand poupon avec des poils autour » n'incite d'ailleurs pas aux ébats kamasoutresques mais plutôt au touche-pipi furtif durant une bataille de polochons en regardant *The Walking Dead*. De toute façon, dès que la relation amoureuse devient trop « prise de tête » (la partenaire refuse de jouer au ballon prisonnier et veut parler d'avenir), l'adulescent la largue sans se retourner et s'achète une peluche Casimir pour se consoler. Ou va faire un tour chez Segway[1] en rollers.

Pourtant, l'univers de l'adulescent n'est pas aussi simple et autocentré qu'il pourrait sembler à première vue. L'adu a ses causes perdues (les dauphins et les Minimoys), ses combats (dans les files d'attente, le premier jour des soldes), ses ennemis héréditaires (les vigiles de la Fnac), ses luttes collectives (les flashmobs), ses victoires aussi (la rediffusion sur NRJ 12 de *Starsky & Hutch*). Sans compter qu'un jour funeste, l'adulescent prend 50 ans à l'improviste et devient un vieux con dégarni aux dents cariées par les carambars.

AIRBNB

Ma nuit chez Maud

Je suis en faveur de l'économie collaborative. Quand j'ai besoin d'une perceuse, Bosch si possible, je tapote sur mon appli Allovoisins, et c'est parti pour des trous par chers. Si je dois prendre un taxi, pour éviter d'écouter RMC dans une 406 break qui sent le Dobermann, je me connecte sur Uber et j'ai un chauffeur perso sous-payé

1. Boutique où l'on peut acheter des gyropodes, ces drôles d'engins à deux roues qui pullulent en ville.

dans le quart d'heure. Pour faire Paris-Lyon, je me covoiture et je BlaBlate tout le trajet avec une prof d'histoire-géo dépressive et un étudiant indien qui, à vue de nez, n'a jamais entendu parler de l'appli Share-my-shower. Une copine veut sauver sa boîte de textiles en la rachetant elle-même avec l'argent des autres ? Je la cofinance sur KissKissBankBank et je reçois une paire de chaussettes en cadeau (que je revends aussitôt sur leboncoin.fr). Inutile donc de préciser que quand je cherche un endroit où dormir en vacances, je fonce direct sur Airbnb, le site de partage de maisons et d'appartements. Et je n'ai jamais eu à m'en plaindre. Que ce soit en tant qu'hôte ou en tant qu'hôte. Quand je reçois, on est bien reçu. Et quand on me reçoit, je suis bien reçu. Ainsi, j'ai de bonnes notes et j'en mets aussi et réciproquement et tout le monde reste cool dans la communauté Airbnb. En plus, dès qu'on devient hôte chez Airbnb, on bénéficie de conseils gratuits pour être bien noté : « suggérez des idées de sorties à vos invités », « laissez-leur une bouteille de vin », « passez un petit moment avec eux quand ils arrivent »… Je le fais systématiquement car je tiens à maintenir ma note, et tant pis si les étrangers croient que les Parisiens sont devenus sympas.

La dernière fois où j'ai pris une véritable leçon d'accueil, c'était à Berlin. Nous étions deux hôtes et notre hôtesse s'appelait Erika mais appelons-la Maud, c'est plus excitant. On avait choisi l'appartement de Maud parce qu'elle avait de super bonnes notes dans tous les domaines. Quand on a sonné, elle a ouvert la porte, sa bouche et ses bras comme si on se connaissait depuis la fac. « Je vous ai confectionné un gâteau », nous a-t-elle annoncé puis elle nous a fait un *hug* chacun. C'était tellement doux et chaud qu'on lui a mis 17/20 en *humanity.*

ARTISAN

Pourquoi viens-tu si tard ?

On le reconnaît à son slip Athéna qui dépasse quand il se penche sous l'évier, à son carnet à spirale sur lequel il n'écrit rien, à sa salopette tachée mais propre, à ses mains propres mais sales et à sa casquette à carreaux qui ne tombe jamais dans le ciment. Les seuls artisans que j'aie vus arriver à l'heure, parfois même en avance, sont ceux des gangs en camionnettes qui ouvrent les portes 24h/24 et dealent les joints de lavabo au prix du greffon de rein. En général, avant de repartir, ils vous proposent aussi de ramoner vos radiateurs en vous expliquant que c'est obligatoire pour l'assurance. Mais méfiez-vous, ce sont des faux. Le vrai artisan, lui, n'est pas libre avant deux ans, n'a jamais la pièce « qui va bien » et exerce l'une des rares professions (avec les escort girls SM) où les clients supplient qu'on les fasse souffrir moyennant finance. À la torture physique (la radio calée sur Chéri FM et la trépigneuse hydraulique à mèche titane qui fait sauter les plombs), l'artisan ajoute volontiers la culpabilisation : « Ouh là là ! Mais ça fait combien de temps qu'il a pas décolmaté le réinjecteur ? » et la punition humiliante : « On a un problème pour aléser le rivet de sertissage de la vrillette du chauffe-eau : vous allez rester trois semaines sans manger ni vous laver. » Ne surtout jamais tenter d'amadouer l'artisan. Lui offrir un café, c'est s'embarquer pour trois heures de lamentations sur les 35 heures et la concurrence des Yougos qui bossent mieux, plus vite et pour moins cher. Une fois, j'ai tenté d'être sympa et de parler football en espérant un rabais. Il m'a compté la demi-heure de malédiction de Didier Deschamps au prix de l'heure de soudure à l'oxyéthylène.

Quand je suis obligé d'en passer par là, je maudis mes parents de ne jamais m'avoir appris à changer un joint dans un compteur électrique qui fuit, mais je me console en me disant que, dans le domaine des travaux, il y a pire que l'artisan malhonnête, en retard et de mauvaise foi : le vendeur-conseil chez Casto.

ARTY

Bobo du pauvre

Alors que la rue à bobos a ses boutiques d'huiles d'olive, son marché bio, ses galeries d'art vides et ses restaus repérés par Pudlowski avec menu sur l'ardoise, le quartier arty a son Monop', sa boucherie halal, ses poivrots PMU, ses affiches de Jérémy Ferrari, le nouveau Coluche, à la boulangerie et un restau indo-libano-paki sélectionné dans *Paris pas cher*. Artiste contrarié, l'arty est un précaire du para-artistique : attaché(e) de presse en free lance, micro-éditeur en faillite, web-master en stage, pigiste en fin de droits, soustitreur en CDD, bédéaste en intérim, intermittent en colère, graphiste en retard... Dans sa version archéobaba, l'arty ordonne ses derniers cheveux gris en queue de mulet, passe la nuit debout à République et fume des bidies au patchouli. Dans sa variante trentenaire aftergrunge, il se fait piercer un faux diamant dans la narine et ne quitte jamais son DJ Bag en toile de tente.

Grand consommateur de plats du jour, de vernissages d'expos confidentielles de copains arty (avec mousseux et boîtes de biscuits Delacre) et de récup (ses fringues en velours moisi ne se trouvent qu'aux puces), l'arty écoute FIP et Nova au bureau, lit *Libé* au café et a mauvaise mine en terrasse. C'est sur son travail, humble et mal payé, de prolétaire de la culture que prospèrent bon nombre de grandes maisons, d'édition et autres, humanistes et sérieuses. Sur l'autre rive de la Seine.

B COMME…

BANLIEUE

Le ça des villes et le ça des champs

Chic ou merdique, à ISF ou à problèmes, la banlieue est nulle part. Mais comme il est difficile de refuser cinq fois de suite une invitation en grande couronne sans passer pour un Parisien snob, j'ai fait un tour sur Google Earth et j'ai pris le RER. En lisant un gratuit et en tirant la gueule comme tout le monde. Direction : le duplex de standing avec balcon de mes amis *ditk*[1], au Plessis-Robinson. Dès l'arrivée dans la non-ville, j'ai senti que j'étais en périphérie de quelque chose mais impossible de dire de quoi. Rien à voir cependant avec la ZUP Youri-Gagarine de Villeneuve-la-Vieille ou la cité radieuse Le Corbusier de Craigny II. Ici, tout n'était que luxe, calme et liquidités. Ronds-points paysagés croulant sous les fleurs jetables, immeubles de style

1. *Double Income Two Kids* (en français : « double revenu, deux enfants »).

néo-disneyen, horloge géante sur la fausse place du village, mobilier urbain Decaux en simili-ferronnerie d'art, médiathèque Pierre-Messmer... et plein d'espaces bien rangés : espaces verts, espace culture, espace shopping, espace santé, Espaces Renault TDI en leasing... Très vite, j'ai compris qu'en posant le pied dans ce non-lieu si fonctionnel, j'étais devenu la petite figurine en plastique qui donne l'échelle sur les maquettes géantes des urbanistes désinhibés, des promoteurs défiscalisés et des architectes décomplexés. En déambulant à l'ombre des fausses arcades romaines jouxtant la fontaine Renaissance, j'ai songé furtivement que les élus du coin avaient dû faire beaucoup de voyages d'étude à Las Vegas (où on imite si bien la vieille Europe).

J'ai traversé l'« agora », déserte, contourné les luminaires moyenâgeux, et j'ai acheté le dessert dans la boulangerie « Au pétrin d'antan » flambant neuve, au centre de la rue piétonne dallée de frais. En serrant mon ticket de retour dans ma poche, j'ai cherché à retrouver qui a dit un jour que la laideur engendre la barbarie. Et réciproquement.

BATTERIE

Il faut qu'une batterie soit vide ou pleine

Entre deux rechargements, l'homme et la femme modernes vivent sur batteries ion-lithium. Téléphone, baladeur, ordinateur, vélo, scooter, sex toy, appareil photo et bientôt voiture... : le nomade communicant garde en permanence un œil vigilant sur le niveau de charge de ses auxiliaires de vie. Dès les 30 % de réserve franchis, le connecté se met en quête d'une prise secteur, quitte à boire un café dont il n'a pas envie pour pouvoir se brancher discrètement sous la table. En dessous de 10 % de charge restante, il transpire et se met à éteindre et rallumer compulsivement son appareil dans l'espoir de prolonger au maximum les précieux watts résiduels qui le rattachent encore au cybermonde, celui dans lequel il ne se passe rien mais où tout peut arriver. Il suffit d'avoir connu une panne sèche sur un smartphone exsangue (ça m'est arrivé en plein Aubrac[1]) pour ressentir dans sa chair ce que *fracture numérique* veut dire : disparition d'amis sur Facebook, chute brutale des followers sur Twitter, ratage d'alertes Google sur le Web... Sans compter les longues heures qui seront nécessaires à la réparation des dommages collatéraux : SMS en retard, mails de relance, contacts inquiets sur Messenger. C'est dans

1. Cette année-là, j'avais annulé un voyage aux States, car mon téléphone n'était que bi-bande.

ces moments de solitude extrême, quand plus rien ne nous relie au réseau global, quand nos fonds d'écran pâlissent, quand nos amis virtuels s'estompent, quand nos plannings électroniques à six mois commencent à sombrer dans le néant digital que nous réalisons à quel point nos existences de battriotes ne tiennent qu'à une absence de fil.

BI

Deux en un

S'il y en a que je plains sincèrement, ce sont les « bi ». Je veux dire les filles ou les gars attirés indifféremment par les filles et les gars de tous les sexes.

Déjà, être hétéro de base, ça n'a pas l'air commode, si j'en crois ce que me racontent la plupart de mes amis[1]. C'est affreux ce qu'ils peuvent en baver avec leurs partenaires de l'autre sexe. D'après ce que j'ai retenu de leurs salades de couple, les mecs trouvent leurs copines casse-bonbons et les filles se plaignent que leurs mecs n'en ont pas. Forcément, entre des êtres aussi différents, un jour ou l'autre, l'affinité baisse et le ton monte. Des conflits éclatent et des baffes se perdent. Pour se rabibocher, les couples mixtes sont obligés d'employer les grands moyens : sous-vêtements

1. J'écris « mes amis » car même si je ne partage pas leur goût, je respecte leur différence.

Aubade pour les filles, cinéma + restau + épilation des épaules pour les garçons.

Bonjour le budget rafistolage.

Pourtant, malgré tous ces inconvénients liés à la triste condition d'hétéro, j'ai la nette impression qu'être bi doit générer encore plus d'emmerdements. J'imagine l'adolescence malheureuse du bi qui, à draguer les deux sexes, cumule les risques de se prendre à la fois des pains et des râteaux. Plus tard, ça n'a pas l'air de s'arranger. J'ai, dans mes copains, un père de famille de plus de 40 ans qui n'a toujours pas choisi son camp. Il a une femme, deux gamins, et des amants. Dans sa tête aussi, c'est le bordel. Il est à la fois contre le mariage pour lui mais pour le mariage pour tous. Le samedi soir, au Bois de Boulogne, il chante *I will survive* avec des copains en string et le dimanche matin, au Bois de Vincennes, il fredonne *Le Petit Pont de bois* en pédalant avec ses enfants.

Bonjour la condition physique.

Parfois, j'essaie d'imaginer la vie psycho-affective du bi. Prenons un dîner où un bi, appelons-le Yan, est invité avec son petit ami du moment, disons Stéphane, un homo endurci. Ce soir-là, Yan tombe amoureux d'une fille, Lucie, tandis que Stéphane en bon gay, se ferait bien Bruno, un moustachu à grande gueule qui joue de la guitare. Jusque là, tout va bien. Yan drague Lucie et Stéphane chante du Hugues Auffray avec Bruno. Au dessert, pour repousser les avances de Yan, Lucie lui avoue qu'elle est strictement lesbienne mais que sa copine est bi. Cette dernière, Corinne, qui trouve Yan à son goût, lui propose un plan avec Lucie. Lucie est OK mais si Yan ne la touche pas. Yan veut bien mais son côté bi lui souffle que faire l'amour avec deux filles, ça manque de mecs. Corinne, qui est aussi bi (voir plus haut), leur propose alors d'inviter Michel, qui est bi. Michel accepte mais uniquement s'il peut venir avec sa copine et son copain du moment. Au bout du compte, pour que tout le monde s'y retrouve, il devient nécessaire de louer le Stade de France.

Bonjour la note de chauffage.

BIO

Grosses légumes

Pour m'amuser à faire baisser les cours en Bourse de BASF, Monsanto, Bayer, Dow Chemicals... et énerver l'UIPP[1], j'ai décidé d'arrêter de manger des pesticides (je sais que si je tiens absolument à être malade les résidus présents dans l'air et dans l'eau suffisent largement à une famille de 4 personnes). Mais une fois ma décision prise de ruiner les grands méchants pulvérisateurs, il m'a bien fallu trouver à manger. Heureusement, plusieurs solutions existent.

1. Union des industries pour la protection des plantes (authentique).

L'AMAP (Association pour le maintien d'une agriculture paysanne)

Un simple abonnement en début d'année donne droit à un « panier » hebdomadaire (en rotin, si possible) débordant de topinambours, rutabagas, salsifis, navets, radis noir, crosnes… et plein d'autres « légumes oubliés » (notamment depuis l'occupation allemande).

Le plus : les légumes sont couverts de vraie terre (à faire toucher aux enfants ébahis) et les salades pleines de petits vers vivants (à ne pas tuer, c'est mauvais pour le karma).

Le moins : un hiver entier de soupes maronnasses donne envie de cerises du Pérou en janvier. Les enfants ne mangent les légumes oubliés que quand ils sont planqués sous des tonnes de béchamel et de gruyère râpé.

La boutique Naturalia (et la supérette Biocoop)

Dans une ambiance néo-roumaine sous Ceausescu (hangar éclairé au néon, odeur de lentilles en décomposition, sacs en papier marron…), des femmes tristes et des hommes seuls avec enfant dans la poche kangourou remplissent des sacs de graines, palpent des carottes difformes ou hésitent, devant la vitrine des suppléments alimentaires, entre les comprimés Zinc-Manganèse (anémie et cheveux fourchus) et les ampoules Cadmium-Nickel (stress et vésicule).

Le plus : le tofu existe en 43 parfums et les prix extravagants aident à réaliser à quel point on a de la chance de manger sainement (à la différence de la voisine qui doit se contenter d'un gratin dauphinois, d'une escalope à la crème et d'un bordeaux même pas biodynamique).

Le moins : les vendeurs et vendeuses en blouse sont toujours inexplicablement déprimés voire agressifs. Une bonne cure de jus de sureau ?

Le marché bio

Dans toute rue piétonne où les Verts dépassent 15 % aux municipales et les appartements 7 000 € au mètre carré, s'installe un petit marché bio.

Le plus : ambiance villageoise le dimanche au marché. Tout le monde se connaît (association vigilante, crèche parentale, comité citoyen, section En Marche locale…) et on appelle les vendeurs par leur prénom.

Le moins : faire ses courses prend 3 h 30 minimum (sans compter l'apéro jus de poireau convivial).

Le jardin partagé

Nouvelle version du jardin ouvrier, le jardin partagé (à New York et Tokyo, on dit *city garden*) permet de faire pousser ses propres légumes, voire d'élever ses poules persos en leur donnant des prénoms. Il peut s'agir de terrains périphériques pas encore transformés en ronds-points par le conseil inter-communal de la communauté de communes ou d'enclaves urbaines minuscules pas encore reconverties en parking. Là, l'homme penché vers la terre et la femme courbée sous le sac de rattes redécouvrent les joies du « fait maison » et du lumbago naturel.

Le plus: les enfants découvrent que les légumes verts sont meilleurs quand on les arrose soi-même et qu'ils ne poussent pas dans les camions qui arrivent de Hollande.

Le moins: il est quasi impossible de faire rôtir une poule qui vous a confié ses œufs pendant tant d'années.

BLOGUEUR

MDL[1]

Contrairement au journal intime du siècle dernier qui contenait des fleurs moisies, des larmes séchées, des coquillages écrasés et n'était lu que par les parents de l'auteur et la psychologue scolaire, le blog est extra-plat (dans le fond et dans la forme) et son public peut aller de la parentsphère proche à la fachosphère au grand complet.

Le blogueur, qui est le plus souvent une blogueuse, y expose des photos et des vidéos de sa chambre trop cool, de son chien trop *cute*, de ses gâteaux trop

1. Mort de LOL

bons, de son frère trop relou, le tout au moyen d'une orthographe et d'une grammaire trop pas correctes. Il ou elle y partage aussi sa *life* (plans trop galères, nouveau gloss L'Oréal trop bien, baskets trop grandes, humeur trop vénère...).

Attention ! Les blogs les plus suivis risquent de devenir des livres aux éditions Michel Lafon et leurs auteurs s'exposent à être invités chez Ardisson. Pour éviter ça, la CNIL recommande de s'inscrire au droit à l'oubli numérique et de ne s'exprimer trop que sur Périscope.

BLUES DES AIRES D'AUTOROUTE

L'existence précède l'essence (sans plomb)

Des Emma Bovary boudinées dans des blouses rouges de chez Total, regards gris bitume, encaissent des pleins d'essence en surveillant du coin de l'œil un mur de robots distributeurs de mauvais café. Des voyageurs de commerce font craquer leurs articulations, des routiers lituaniens sans sommeil depuis Vilnius s'offrent une bière et *Big Tits Magazine*. Des enfants de divorcés en transit font semblant de s'amuser sur des aires de jeux en goudron rouge et vert. La dame pipi tire la chasse et passe une serpillère de routine. Les Emma en blouse savent qu'elles retrouveront ce soir leur époux chômeur à Romorantin. Parfois, un chien abandonné ou une grand-mère perdue sans collier leur tient compagnie.

BOUBOU (BOURGEOIS BOUEUX)

Corps de ferme

Ils ont plaqué leur vie citadine étriquée pour s'acheter une immense maison à la campagne où on respire. Dans les 330 m€ de leur nouvelle demeure (sans compter l'ancienne mégisserie à retaper pour faire chambre d'hôtes), les boubous ont installé un bureau-atelier avec vue sur le torrent et une connexion ADSL Orange à 500 kBit (il n'y a que ça qui passe dans le hameau).

Loin des métros bondés, des bureaux paysagers et des files d'attente du lundi soir au Monoprix, les boubous télétravaillent en anorak devant le feu, dans un silence absolu, à peine troublé par le mugissement lancinant de la ferme d'éoliennes toute proche et les aboiements du chien devenu fou du paysan d'à côté.

Grands consommateurs de TGV Paris-Province (en première, on les repère à leur teint rosacé, à leurs mains gercées et à leur odeur de jambon fumé), les boubous cultivent eux-mêmes leurs oignons, leurs patates et leurs antidépresseurs végétaux (il n'y a que ça qui pousse dans le potager biodynamique). En attendant de divorcer pour incompatibilité d'humeur avec leur conjoint qui déprime en secret, les boubous réinventent une vie familiale rude mais solidaire où les enfants prennent le bus à 5 h 30 pour aller se faire traiter de Parigots têtes de veaux à l'école du village, où l'on guette la camionnette de la boulangère qui ravitaille le hameau, où l'on s'engueule avec les voisins hollandais qui n'ont pas rentré leur poubelle, où l'on se surprend à commencer l'apéro à 4 heures de l'après-midi. Parfois, en triant les épluchures du compost ou en rentrant le bois pour chauffer l'eau des douches, le boubou songe avec un mélange de compassion et de nostalgie à ses collègues qui doivent être en train de glander à la machine à café. Mais très vite, une rafale de vent glacé le ramène à lui, à sa brouette, à ses doigts gercés et à son « choix de vie ».

Dans moins de six mois, l'hiver sera fini. Il installera son Mac sur le toit de la chèvrerie (si son allergie aux pollens lui permet de respirer) et on verra bien qui a eu raison de tout larguer.

C COMME…

CADRE

Fusible en costume

Individualiste et grégaire, gonflé mais crevé, le cadre vit en liberté vidéosurveillée dans un bureau vitré ou dans un open space qui semble avoir été conçu par Endemol. Au travail comme à la maison, il encadre : son équipe, ses enfants, son diplôme de manager du mois. Inversement, sa secrétaire ne peut souvent pas l'encadrer. Après de longues études, durant lesquelles il bride provisoirement son imagination et sa fantaisie, le cadre intègre le monde du travail par le haut pour donner enfin libre cours à sa créativité dans les assurances, le hard discount ou la gestion des palettes en flux tendu.

La sagesse populaire oppose couramment le cadre du privé, payé avec notre argent, et le cadre du public, payé avec nos impôts. Mieux rémunéré, le cadre du privé peut s'offrir une maîtresse à talons hauts et un infarctus foudroyant tandis que le cadre du public doit se contenter d'une secrétaire en arrêt maladie et d'une dermite chronique. Dans l'Eurozone, les espèces les plus courantes sont le cadre exploité, le cadre surbooké, le cadre stressé, le cadre pressuré, le cadre harassé, le cadre séquestré, le cadre suicidé et le jeune cadre. Car il arrive au cadre d'être jeune. On le repère à sa cravate Yann Barthès, à sa barbiche LREM et à son abonnement au Gymnase Club. Mais très vite, tout rentre dans l'ordre et, dès 26 ans, le vieux cadre se reconnaît à son crédit immobilier, son Samsung Galaxy S7 corporate, son avenir et ses artères bouchés.

Dans des conditions normales de température et de pression psychologique, un cadre du tertiaire correctement stressé par sa hiérarchie peut fonctionner de 10 à 15 ans sans interruption ni états d'âme. Quand les ennuis commencent (résistance au changement, crises d'angoisse dans les avions, baisse des performances…), on l'envoie se faire remotiver à la campagne dans des séminaires de *team building* où il fait du rafting et de la poterie pour développer sa procréactivité® (ou réactivité créativo- anticipative, un nouveau concept qui cartonne aux States).

Entre deux projets de dématérialisation de ses collègues de la compta, le cadre consomme beaucoup de nouvelles technologies : on-line shopping, speed dating, fast divorcing… Avec un sens du dévouement qui échappera toujours à l'employé de base, il n'hésite d'ailleurs jamais à sacrifier ses week-ends pour faire avancer un projet visant à remplacer son job par un système-expert moins cher et psychologiquement plus stable.

Lors de ses rares moments de détente, le friday soir à l'apéro, le cadre déboutonne parfois le col de son polo, quitte ses docksides à glands (le vendredi, c'est *casual*), regarde sa femme dépressive, ses enfants sacrifiés et son home cinéma pas fini de déballer. Saisi de vertige, il se sent prêt à tout plaquer, même son abonnement à Canal +. Mais il reste les vacances au ski et la Nissan Qashqaï à payer. Il avale un Tranxène et regarde BFM Business pour oublier.

CALL CENTER

Le retour de l'appel masqué

– Allô, Monsieur Foretti ?

– Fioretto...

– Excusez-moi, monsieur Firetto. Je suis Guilaine Sanchez de Cuisinella.

– Je vous arrête tout de suite, je suis en liste rouge. Je ne devrais pas recevoir votre appel.

– Tout à fait. Je vous appelle, monsieur Fiorento, parce que nous organisons une vente « coup de fusil » dans notre show room de Gragny-en-Brie, le week-end prochain, et vous avez été sélectionné pour gagner une hotte aspirante à flux laminaire avec lampe d'appoint.

Quand pensez-vous venir la chercher avec madame Firetti ?

– Il n'y a pas de madame Fioretto et je n'ai pas besoin de cuisine. Ni de fenêtres en alu, ni de chaudière à condensation, ni de conseiller Enedis, ni de thermicien Engie, ni de pompe à chaleur, ni de crédit revolving, ni de...

– Très bien, Monsieur Feritti, dans ce cas puis-je vous proposer une autre date pour rencontrer à domicile l'un de nos cuisinistes-conseils sans aucuns frais de déplacement ni de main-d'œuvre de votre part ?

– Écoutez, je suis de gauche humaniste et donc je sais que vous êtes précaire et exploitée mais je vous jure que je n'ai absolument pas besoin de cuisine.

– Très bien, Monsieur Furtos. Excusez-moi un instant... *Il a déjà une cuisine et y veut pas recevoir le technicien, je fais quoi ?...B7 ? J'ai pas de B7... ah, si, au temps pour moi...*

– Très bien Monsieur Forty d'Afflelou, saviez-vous que Cuisinella est aussi le spécialiste de la salle de bains sur mesure et que jusqu'au 25 mai, nous vous offrons un radiateur sèche-serviettes ?

CARTE POSTALE

Bons baisers de partout

D'abord, face au tourniquet qui grince, hésiter entre la version humour (« Sors de ton trou, viens lécher les moules à Oléron »), la version tradi, en soldes, aux couleurs délavées (Place René-Coty – Vue de la fontaine) et la version rectangulaire artistique signée par l'auteur (VGE au crépuscule sur Vulcania)... Ensuite, demander sans y croire à la vendeuse si sa maison de la presse ne vendrait pas aussi, par miracle, des timbres. S'entendre répondre d'un air las que non, mais qu'à La Poste, demain matin, si l'on n'arrive pas trop tard vu que c'est jour de marché, ils devraient en avoir reçu.

Sacrifier une sieste pour « faire les cartes » en se concentrant sur la liste multi-paramétrée des gens à ne pas oublier, des gens qui risquent de comparer leurs cartes, de ceux qui vous écrivent toujours à charge de revanche, des personnes isolées à qui ça fera sûrement plaisir si elles ont survécu à la canicule...

Établir une série de textes standard, à calligraphier le plus gros possible pour remplir la carte : « En cure à Dax, le temps passe trop vite mais nous pensons bien à toi. En t'espérant d'attaque pour (la rentrée, ton opération du genou, ton licenciement, ton mariage...). On t'embrasse. »

Signer, imiter la signature du conjoint (qui vous laisse faire toutes les corvées, cette feignasse), réaliser qu'on a oublié Tatie Jacqueline ou qu'il manque un timbre. Retourner à la maison de la presse et au début de ce texte.

CHANTEUR FRANÇAIS (NOUVEAU)

Maniéré de la glotte

Il suffit d'arpenter les couloirs des Victoires de la Musique, pour distinguer facilement trois catégories d'individus à cordes vocales proéminentes : le chanteur « Label Rouge », élevé sous Brassens et nourri au Brel, le chanteur « né à la télé » – et bientôt mort au Papagallo de Palavas – et le « chanteur de l'année » des hebdos culturels exigeants.

Dans la première catégorie, celle des honnêtes bardes qui ont besoin de l'ouvrir pour exister et qui ont même parfois des choses à dire, on porte un paletot de marin breton, une boucle d'oreille de Corto Maltese, une casquette à la Michel Rocard et un pull à rayures qui gratte. Complexés par une langue française qui n'est pas la plus rock'n'roll du monde, les nouveaux Ferré roulent les « r » pour faire « Butte Rouge » et noient les paroles dans le manouche Rive gauche, le hard musette de fête de la musique, ou le fanfareux balkanique façon Kusturica de mes deux palmes d'or. Le résultat peut valoir la moyenne à l'écrit mais se plante régulièrement à l'oral. Retenons que les auteurscompos-interprètes sont peu nombreux sur la jeune scène française et que personne ne va voir leurs show cases, sauf moi si c'est open bar.

Plus rigolotes sont les nouvelles stars élues par SMS qui, chaque année, mettent les poils à la moitié du jury, collent une grande claque aux autres et embarquent tout ce joli monde dans leur univers. Rebaptisées « stars jetables » par ceux qui ne respectent que la branchitude anglo-saxonne - mais se déhanchent volontiers sur du Franck Alamo parce que ça leur rappelle l'époque où ils avaient encore leurs vrais cheveux –, les étoiles filantes des télés-crochets sont attendrissantes comme des putes débutantes qui rêvent de se donner à fond pour des producteurs proxénètes. On peut avoir envie de rire ou de cogner à l'écoute des trémolos R'n'B (en plastique) plaqués sur de l'Obispo (en croûte de skaï). Mais on est obligés de reconnaître qu'il n'y a que là que les grosses, les Arabes et les Noirs ont leur chance en *prime time*.

La troisième catégorie de jeunes chanteurs est celle de l'artiste obligatoire. Il s'agit forcément d'un simili-gainsbarre trentenaire qui chante d'une petite voix aigrelette (les étrangers appellent ça le *french fart*) et qui vouvoie sa copine parisienne (« Il se pourrait bien que je vous aime, madame »). Le souffle est court, le phrasé déglingué et la phrase ampoulée. L'artiste obligatoire n'enregistre pas de CD mais des albums concepts écrits dans l'urgence. Il est fragile et ténébreux et, au fil d'infinies ballades intimes[1], il susurre ses dérives urbaines post-debordiennes autour du Café de l'Homme, ainsi que ses hallucinations au Get 27. L'ensemble est programmé 12 fois par jour minimum, pour soutenir l'insoutenable et répondre aux quotas de création française.

CHAUVES À COL ROULÉ

Apprenons à les reconnaître

Ils sont partout. À l'Éducation nationale, au cinéma, dans l'armée, à la charcuterie, dans la BD, au Sénat, à l'hôpital, dans les médias, chez Ladurée, aux éditions de l'Opportun, dans les files d'attente à la pharmacie, dans les miroirs chinois, dans le bleu des photos, dans le regard d'un chat, dans les ailes d'un oiseau, dans la force d'un arbre, dans la couleur de l'eau, dans l'hiver et le vent, dans le froid des maisons, dans les sables mouvants où j'écrirai ton nom, dans la fièvre et le sang, dans les murs des prisons[2].

Certains ont l'air presque sympas. Ils vous tiennent la porte avec un sourire obséquieux pour éviter qu'on devine ce qu'ils mijotent derrière leur front brillant. D'autres dissimulent leur vraie nature sous un chapeau ou un béret et arborent, jusque dans le métro, la mine

1. Ne pas dire « chiantissimes », dire « hypnotiques ».
2. Jean-Pierre François, si tu nous lis, qu'est-ce que tu deviens ?

revêche du conspirateur plongé en pleine machination diabolique. Les plus arrogants se montrent au 20 heures de TF1, tandis que les plus sournois se cachent dans les spectacles de danse d'Arte.

Même s'ils alimentent les fantasmes depuis la nuit des temps, on sait finalement très peu de choses sur eux, preuve supplémentaire qu'ils s'ingénient à brouiller les pistes. Les spécialistes de la question sont formels : ils sont à la fois cosmopolites et racistes, suppôts de la finance mondiale et à jour de cotisations à la France Insoumise, arrogants et honteux, gros et maigres, bourreaux d'enfants et pédopsychiatres, errants et sédentaires, empoisonneurs de puits et vendeurs de cartouches Brita... J'en connais même un qui est statisticien dans l'industrie pharmaceutique, ce qui fait frémir quand on songe aux dégâts qu'il pourra faire dès que le signal lui en sera donné.

Pourtant, s'ils se cachent dans le monde entier pour tirer les ficelles, les chauves à col roulé sont surreprésentés dans les secteurs stratégiques de la société : théâtre expérimental, cinéma d'auteur, pompes funèbres, fac de socio, gogo-dancing au Banana Café... Seuls les naïfs verront là un pur hasard.

D'où cette question, forcément taboue depuis la liberticide loi Gayssot[1] : existe-t-il un complot des

1. Au fait, Gayssot, il était pas un peu chauve lui-même du côté de son père ?

chauves à col roulé ? Sans tomber dans la paranoïa, force m'est de constater qu'avec le temps ils sont de plus en plus nombreux, notamment parmi mes proches. Moi-même, d'ailleurs…

CIBLE

Pan dans le mille

Hier encore, j'ai reçu dans ma boîte mail des publicités pour des protections intimes féminines, une croisière « Les merveilles de la Baltique » avec Luc Ferry et Hervé Villard, et une invitation personnelle à une conférence de Anny Duperey intitulée : « Problèmes d'audition : les solutions Audika ». Outre les 10 minutes qu'il m'a fallu pour me désinscrire de ces « lettres d'information » auxquelles je ne m'étais jamais abonné, ce qui m'a le plus énervé c'est de faire l'objet d'un harcèlement publicitaire aussi mal foutu. Heureusement, j'ai un copain *digital native*. Je lui apprends à lire et, en échange, il m'explique les mystères de l'Internet. Il a découvert dans mes paramètres Google que, me croyant plus malin que Big Data, je m'étais enregistré en tant que femme célibataire de 72 ans et que cela expliquait le mauvais ciblage des spams… J'ai aussitôt tenté de supprimer ce « profil » mais Google m'a gentiment averti : *« En optant pour la désactivation des publicités adaptées à votre catégorie socio-démographique et à vos centres d'intérêt, vous augmenterez le nombre d'annonces susceptibles de vous être proposées »*. Fort de cet avertissement, j'ai finalement préféré remplir ma fiche signalétique en y inscrivant la vérité, toute la vérité, rien que la vérité et j'ai cliqué sur « Je le jure ». Et ce matin, miracle de la technologie, j'ai découvert dans ma boîte une jolie pub hyper ciblée contre les petits problèmes de... heu... en fait, ça ne regarde personne, à part moi et les ingénieurs de Big Data.

COCAÏNOMANE

Cuit à la coke

Contrairement à une idée répandue chez les débutants en anglais de la night, on dit toujours *cocaïnomane* et jamais *cocaïnowomane* même si l'on parle d'une attachée de presse. Injustement décriée par les commissaires divisionnaires, la cocaïne permet de danser jusqu'au bout de la nuit en se foutant du reste : les narcotrafiquants, le blanchiment de l'argent, les paysans cultivateurs exploités, les dealers à Mercedes, les flics qui vont avec, et même les boulettes dans le rectum des « mules ». Mais la coke ne fait pas que rendre plus performants les pubards en brainstorming, les traders en salle des marchés, les sportifs en décompensation, les modeux au bord du défilé, les écrivains impeccablement décoiffés, les animateurs- producteurs harceleurs de stagiaires... elle met aussi un peu d'ambiance dans la vie de pas mal de CSP + qui s'ennuient même en after work.

On croise le cocaïnomane dans deux états différents : *high* (quelques minutes après le rail) ou *down* (quelques années après plein de rails). L'état *high* est le plus facile à repérer : persuadé qu'il est irrésistible, le cocaïnomane se comporte comme s'il venait de garer son jet-ski ou, si c'est une fille en petite robe noire, comme si elle présentait la météo à Quotidien.

Dans l'état *down*, les cocaïnomanes réalisent que les cures de désintox ne sont pas toutes aussi glamour que celles de Kate Moss & Pete Doherty. Pendant leur réhab à la clinique Montsouris, les plus médiatiques d'entre eux pondent un témoignage édifiant ou un roman trash, histoire de se convaincre qu'il n'y a pas que Bret Easton Ellis que la dope rend intéressant.

COMPLOT

On ne nous dit pas tout

Pour bien commencer la journée, rien de tel qu'un petit coup d'œil à Facebook, où les saillies drolatiques des « amis » balayent, d'un éclat de rire salvateur, toutes les interrogations sur le sens de la vie et de l'humour. Pourtant, ce matin, mes hoquets de rire devant un chaton caressant la truffe d'un gros chien se sont brutalement interrompus quand j'ai découvert le post d'un inconnu intitulé : « À qui profitent vraiment les attentats ? ».

J'ai cliqué sur le lien proposé et atterri sur un site de « libre information » où les auteurs de l'article commençaient leur implacable démonstration par cette question dérangeante : « Si vous étiez des aliens lémuriens, venus sur Terre il y a 300 000 ans, et que vous vouliez créer une race d'esclaves, comment les garderiez-vous sous contrôle ? » (je transcris ici le texte en français courant car il était rédigé dans une grammaire proto-humaine avec une orthographe post-Nabilla).

Au lieu de passer mon chemin en haussant les épaules, je me suis mis à réfléchir à la question posée : si j'étais un extraterrestre comment m'y prendrais-je avec les humains ? Déjà, pour mon confort intellectuel, je serais intraitable sur leur niveau de français. Le premier qui écrirait « ont vous men, ils son arivés », prendrait direct la porte du vortex temporel et retournerait à l'école.

Mais à part ça, je crois que je ferais exactement ce qui est décrit par le site. À savoir : « Enfouir tous les vestiges archéologiques qui révèlent la vérité » (sauf à l'île de Pâques, où je n'aurais pas le temps de finir de creuser). « Divertir (mes) esclaves avec des médias mensongers » (et le premier journaliste qui révélerait la vérité sur les aliens se ferait désintégrer sa carte de presse). « Créer des races d'esclaves de couleurs et de religions différentes pour mieux les diviser» (et pour encore plus de confusion, j'inventerais le millefeuille administratif). Car, comme le rappelait le site : « Division = Controle ; Controle = Ignorence donc Division + Ignorence = Controle Absolu » (tout est sic).

Je suis resté de longues secondes abasourdi par ces révélations puis je suis passé au sujet principal de l'article : les attaques terroristes seraient un coup monté des aliens pour diviser leurs esclaves… C'est alors qu'un rayon de soleil s'est posé pile sur mon avant-bras. J'ai pensé aux victimes des attentats, de Paris et de partout, qui ne connaîtront pas ce printemps-là. Et j'en ai voulu aux lémuriens analphabètes du monde entier.

COMPOST

Rien ne se perd, sauf le temps

Suite à l'acquisition de mon composteur d'appartement – en réalité, je l'ai installé sur le balcon (rapport au jus brunâtre qui suinte et aux vers qui attirent les moustiques) –, je me suis longtemps demandé si tel déchet pouvait se décomposer pour devenir du terreau de rempotage et si tel autre pouvait être mis à la poubelle et incinéré (en banlieue, si possible) afin de donner de la dioxine bien pure. Après des mois de tâtonnement, j'ai fini par découvrir qu'il existe une règle de tri simplissime : *tout ce qui est produit par la nature peut être composté.* Par exemple : les épluchures de fruits et de légumes brossées au savon de Marseille (pour éliminer les pesticides) et coupées en lamelles de 5 à 10 mm d'épaisseur, le gras du jambon et les croûtes de fromage à pâte molle en cubes de 1 cm de côté (les autres croûtes de fromage peuvent être râpées en copeaux), le marc de café (il suffit de l'incorporer à la matière en décomposition à une température de 32 °C maximum de façon à ne pas perturber la reproduction des lombrics), les coquilles d'œufs concassées et saupoudrées à la volée, les graisses de cuisson tamisées au chinois puis mélangées à de la farine de thuyas ou d'avoine entière, la litière du chat et les couches-culottes (préalablement nettoyées, désinfectées et hachées). En revanche, les vieux papiers, les essuie-tout, les Post-It aux deux faces écrites, les mouchoirs en ouate de cellulose utilisés des deux côtés et le dernier Katherine Pancol peuvent être incorporés à la biomasse en formation sans préparation préalable.

Pour tous les autres déchets, en cas de doute, les déposer nuitamment dans la poubelle jaune des voisins.

COMPOSTEUR

Machine à faire rater le train

Une étude récente a démontré que les chances de valider son billet de train dès la première introduction dans le composteur sont de 1 sur 200 000 et qu'en moyenne un billet doit être retourné au moins 3 fois avant de déclencher le compostage.

Les composteurs orange du siècle dernier découpaient une encoche dans le billet et y inscrivaient une mention illisible que le contrôleur faisait semblant de décoder. Devenus jaunes, les nouveaux composteurs gravent un hiéroglyphe secret et impriment en clair le nom de la gare, le jour et l'heure afin qu'il soit impossible à un voyageur unique de prendre deux fois le même train à la même heure.

CORPORATE (VALEURS)

Éthique en stock

Le point commun entre un moteur de missile et une pizza *cheezy crispy crust*? Tous deux sont produits avec *integrity,* l'une des valeurs corporate communes à General Electric (armement, frigos, plastiques...) et à Pizza Hut (groupe Yum). Seule légère différence entre les deux groupes, chez General Electric, l'intégrité est une valeur « centrale, énergisante et incorruptible » tandis que chez Pizza Hut, elle provoque une « customer mania » (un genre de fièvre acheteuse irrépressible).

Mais il y a encore plus rigolo comme « valeurs » de groupe. Notamment chez Coca-Cola, où il est carrément question de *Corporate Philosophy*.

Tout part d'une vision du PDG, soudain traversé d'une fulgurante évidence: *« Nous comprenons que, pratiquement, notre univers est infini et que nous, nous seuls, sommes la variable principale en ce qui concerne combien nous pouvons saisir de cet univers*[1]*. »*

1. *We understand that, as a practical matter, our universe is infinite, and that we, ourselves, are the key variable in just how much of it we can capture.*

Ça semble abscons comme du Macron à la première lecture mais l'explication suit aussitôt :

1° Nous vendons un produit universellement attirant qui répond à un besoin humain fondamental.

2° Nos employés savent trouver les opportunités que d'autres ne peuvent pas voir.

3° Coca-Cola fournit de la valeur à quiconque le touche.

Bien sûr, c'est toujours un peu facile de rire avec ces grands benêts d'Américains qui ravalent la philosophie au rang du marketing pour le Coca light. Soyons sport et jetons un coup d'œil aux « valeurs » de notre leader mondial en télécommunications, Orange, où l'esprit des Lumières souffle à la DRH : *« Nos valeurs s'inscrivent dans le cadre de principes fondamentaux tels ceux de la Déclaration universelle des droits de l'homme. »* Valeurs qui se déclinent[1] comme suit (authentique) :

- *Nous donnons de la couleur à nos façons de faire.*
- *Notre enthousiasme et notre optimisme sont communicatifs.*
- *Nous dégageons l'essentiel et nous y tenons.*
- *Nous partageons spontanément.*
- *Nos paroles et nos actes sont cohérents.*
- *Nous développons des actions et des comportements éthiques.*

1. Morceaux choisis, l'intégrale des « valeurs » est sur orange.com.

Devant tant d'ambition et d'exigence morale, le cadre de base se sent coupable de penser au suicide et le client moyen se trouve mesquin de vouloir juste téléphoner. Du coup, il va voir chez les concurrents, si c'est plus cool. Las, chez SFR, *« Les valeurs sont attachées à l'unique vision de l'entreprise à un réel engagement pour contenter un client et une société plus mobile et plus active, dans la perspective où le progrès est plus important au fil du temps »* (sic, y compris les fautes d'accord).

Au siècle dernier, Frédéric Dard remarquait déjà *« L'échelle des valeurs est en train de perdre ses barreaux »,* et Dalida chantait *Paroles paroles*.

COUP DE CŒUR DU LIBRAIRE

La fureur de lire

Pendant que l'animateur de l'émission littéraire présente la livraison hebdomadaire de chefs-d'œuvre obligatoires, de *quick books* jetables, de romans de femmes françaises, de témoignages bouleversants, d'essais définitifs et, bien sûr, d'ouvrages signés par des confrères, le libraire piaffe dans sa veste pieds-de-poule. Invité en tant que passionné professionnel, il a pris le train pour témoigner et rien ni personne ne l'empêchera de parler. Dès que c'est à lui, il chausse ses lunettes d'immense lecteur aux yeux fatigués et sort de sa poche un « vrai livre » qu'il a choisi de défendre face à la surproduction, au marketing, aux prix littéraires truqués, aux éditeurs frileux et à la critique aveugle. Et aussitôt, il s'enflamme, s'emporte, vitupère, proteste, s'embrouille, s'enthousiasme, balbutie, conjure. Il est sous l'effet de ce qu'on appelle couramment un « coup de cœur » carabiné. L'idée, c'est qu'il existe des livres formidables car méconnus. Il en connaît, il en a plein dans sa boutique. Il les dévore des nuits entières, les fait lire d'urgence, les offre même, s'il le faut, afin que ça se sache. Et il continuera sa croisade tant que son chouchou n'aura pas atteint le public qu'il mérite (1,5 million d'exemplaires pour *L'Élégance du maigrichon*).

D COMME...

DEATH METAL

L'enfer du décor

Attention à ne pas confondre le death métallique (qui fait les cornes quand il est content), avec le heavy métallique (qui se maquille comme ma sœur quand elle est soûle) ou le black métallique (qui fait sa prière à l'envers). On reconnaît aisément le death métallique à son T-shirt satanique qui effraie ta cousine et à son teint d'endive bouillie. Très superstitieux, le death a des goûts déco un peu chochotte (crânes fendus, tibias moisis, démons grimaçants...) et un amour immodéré des bondieuseries kitch : enfer mal chauffé, ténèbres mal éclairées, catacombes malfamées... Persuadé que Spinoza est une chanteuse chaudasse latino, le death métallique se méfie des Lumières en général et de la Raison en particulier mais il sait que s'il se scarifie consciencieusement il ira direct en enfer (par la highway 666) retrouver ses potes devenus aussi sourds que lui.

DEMI-PEOPLE

Mon nom est presque personne

Le demi-people peut être un « fils de » (Richard Anthony, Sheila, Bertrand Delanoë…) ou avoir un air de « vu à la télé » (gagnant au maillon faible, incroyable talent, survivant sur une île sans douche, cocu sur une île en string…).

Une fois son CV dûment validé par la HAN[1], le demi-people se met à recevoir des kilos d'invitations à des fêtes de folie (nouvel an russe, nouvel iPhone, nouvelle hanche de Régine, soirée raclette chez Michel Onfray…) auxquelles il est tenu de répondre positivement (au bout de trois refus, il sort des listes). Récompense de ses efforts, le demi-people apparaîtra peut-être au bras d'une demi-star dans les pages « Ma Nuit avec des Gens » des magazines de dentistes. Sinon, à part attendre que sa carrière décolle, le demi-people n'a pas grand-chose à faire. Quand on lui demande où en sont ses projets, il est forcément en train de peaufiner un one-man-show, de tourner un pilote, de postuler à TPMP, de lancer une ligne de strings, de cartonner au Japon, de mijoter un suicide, de mettre à jour son profil sur Facebook… Vers 35 ans, le demi-people ouvre une boutique de téléphones portables ou de lingerie. Rares sont ceux qui, vingt ans plus tard, auront le droit de passer dans le bêtisier des enfants de la télé.

1. Haute Autorité de la Night.

DÉPRESSION

La semaine des 7 lundis

Ça ne prévient pas, ça arrive. Ça vient de loin. Aujourd'hui, le ciel, forcément bas et lourd, a l'air de m'en vouloir personnellement. La boulangère m'a refilé toute sa petite monnaie et un pain au lait rassis. La concierge me fait la gueule alors que j'ai pris soin d'indexer ses étrennes sur le cours du yuan. Dans les journaux, les horreurs se bousculent à la pelle et à la une : attentat suicide à Damas, civils pris au piège à Mossoul, Céline Dion en concert à l'AccorHotels Arena... Devant un café froid, je découvre mon horoscope : *« Manque d'énergie. Reposez-vous. »* Je vais me recoucher devant M6 Boutique. J'achèterais bien un Vaporetto pour tout nettoyer à la vapeur comme le recommande le fils de Pierre Bellemare mais, ainsi que l'a prédit l'astrologue du *Parisien,* je n'ai pas la force de téléphoner. Je laisse passer l'offre spéciale réservée aux 200 premiers appels. Encore un rendez-vous manqué. De toute façon, je ne nettoie que quand des gens viennent. Et je n'ai envie de voir personne... Introspection devant le miroir de la salle de bains. Extérieurement, un Francis Bacon mal rasé. Intérieurement, une installation rouillée de Tinguely qui grince sur un parking de maison de la Culture. En regardant *La Maison des Maternelles*, je ressens soudain cruellement l'absence d'enfants dans ma vie. Je me dis que si j'avais trouvé les bonnes mères porteuses, j'en aurais aujourd'hui cinq ou six qui gambaderaient autour de moi en me demandant comment je vais, si je n'ai besoin de rien, s'ils peuvent me lire le poème qu'ils m'ont écrit… La psy de *La Maison des Maternelles* rappelle maintenant que « vivre c'est choisir ». Je passe devant la cuisinière et, soudain, je choisirais volontiers d'arrêter de choisir. Mais ce serait encore un choix. Et c'est une cuisinière électrique. Coup d'œil aux e-mails. Depuis qu'on m'a installé un antispam, je ne reçois plus rien. Ou alors des diaporamas à méditer rappelant qu'on ne sait pas où on sera demain, que chaque jour est une fête et qu'il faut utiliser tous les jours ses verres en cristal. Je finis les raviolis avec un fond de rouge à la bouteille. Je n'ai pas de verres en cristal. Grosse sieste devant *Desperate Housewives*. Je ne saurai jamais pourquoi Mary Alice Young s'est suicidée. Toujours ces rendez-vous manqués.

Je dois avoir du sommeil en retard, je dors dix-sept heures par jour en ce moment. Je découvre quelques raviolis écrasés sur la moquette. Et j'ai raté les prix sacrifiés sur le Vaporetto.

Quoi faire en attendant rien ? Customiser mon hand spinner ? Calculer ma retraite ? Regarder MEDEF TV. Là au moins, il n'y a que des gagnants-gagnants qui font du jogging et du benchmarking. Envie d'aller me coucher, mais il n'est que 18 heures. Enfin, le téléphone. Une vendeuse de fenêtres à double vitrage qui veut savoir si je suis bien isolé. Je réponds que oui, que je ne peux pas l'être plus. Elle dit qu'elle peut quand même envoyer un technicien pour un devis gratuit. J'explique que ce n'est pas possible, rapport aux raviolis sur la moquette et qu'en plus je n'ai pas de Vaporetto. Elle dit que ça n'a pas l'air d'aller. Je réponds que si, que ça va super, pourquoi ? Elle veut savoir si je connais les pompes à chaleur réversibles. Je lui demande si c'est efficace quand la Terre est changée en un cachot humide, où l'espérance, comme une chauve-souris, s'en va battant les murs de son aile timide, et se cognant la tête à des plafonds pourris[1]. Elle me suggère d'essayer le millepertuis en gélules.

DESPROGES (PIERRE)

Dieu le tripote !

« Desproges est vivant » proclame une anthologie à laquelle j'ai eu l'honneur de participer sous la férule tyrannique du Professeur Rollin. Le pire, c'est que c'est vrai. Je le vois, là, sur l'étagère face à mon bureau, avec son sourire de vrai-faux timide, son bouton au milieu du front et ses œuvres complètes où il n'y a rien à jeter, à part les deux pages de garde où je n'ai pas trouvé le moindre gag. J'espère qu'il est assis à la droite du Père et à côté de Sim et Topaloff, ça lui fera les pieds.

---

1. Charles, j'ai profité que tu étais tombé dans le domaine public pour t'emprunter deux ou trois vers. À charge de revanche.

Pourquoi tant de haine ? Mais parce qu'il nous nargue, le salaud ! Du haut de son Olympe des « grands du rire » dont on fait des compils, il nous met en permanence, nous les besogneux de l'humour, dans la peau d'un Bénabar qui connaîtrait Brassens ou d'un Grand Corps Malade qui aurait entendu parler de Léo Ferré. Impossible de faire un bon mot ou l'intéressant, sans l'entendre se gausser par-derrière et devant tant d'indigence dans le zeugme. C'est à cause de lui que l'humoriste honnête passe son temps à se dire qu'il est, en ce moment même, en train de faire du sous-Desproges. Alors qu'Arthur croit sincèrement qu'il est le nouveau Desproges et que Kev Adams ne voit pas qui c'est.

DÉVELOPPEMENT DURABLE

Apocalypse light

L'espèce humaine, à qui le Créateur a eu la mauvaise idée de confier les clés du jardin terrestre, est la seule espèce vivante à avoir presque achevé la destruction de sa propre niche écologique. Toutefois, grâce aux lobes frontaux du néocortex associatif propres à l'*Homo* deux fois *sapiens*, elle est aussi la seule à s'être dotée d'outils conceptuels sophistiqués qui rendent son extinction programmée « riche d'opportunités dans le green business ».

Depuis le début de la modernité, n'en déplaise aux anti-humanistes, chaque fois que l'homme a généré un problème, il a toujours su créer simultanément un marché porteur. Sans nouvelles substances cancérigènes dans l'air, qui donnerait un euro à la Ligue ? Sans empoisonnement des nappes phréatiques, qui achèterait des cartouches Brita ? Sans épuisement des énergies fossiles, qui accepterait les centrales nucléaires ? Sans extinction de la biodiversité, qui irait voir les films de Yann Arthus Bertrand ? Faut-il multiplier les exemples qui démontrent que la modernité trouve *toujours* une réponse aux problèmes qu'elle invente ?

Si l'homme oublie parfois de trier les déchets sous lesquels il est en train de s'ensevelir, c'est parce qu'il se trouve devant un dilemme avec du choix cornélien dedans. D'une part, il sait qu'on ne fait pas de croissance du PIB sans casser des œufs et des espèces. D'autre part, il vient de réaliser qu'il est impossible de croître *indéfiniment* dans un système fermé comme le globe terrestre. Il a donc décidé d'y croître *durablement*. Car, comme l'a très bien expliqué l'inventeur des gels douche Ushuaïa, en réduisant *doucement* la biodiversité, on peut faire *durer* dix ans de plus les baleines. En génocidant *délicatement* les peuples qui vivent à poil dans la forêt, on *prolonge* leur folklore. En détruisant *insensiblement* les forêts, on en laisse un peu à couper à nos enfants.

DÉVELOPPEMENT PERSONNEL

Vivons coachés

Dans un de mes best-sellers du début du siècle[1], j'ai recensé une petite dizaine de méthodes, toutes en vente libre et en librairie, pour devenir enfin soi-même en mieux. Cela peut passer par des jeûnes holistiques grâce auxquels on devient enfin *« artisan de son miracle »* tant ils permettent « l'ouverture du champ de conscience et l'exploration des mondes non matériels ». Cela peut aussi consister en la simple lecture des livres de Paolo Coelho qui expliquent comment abreuver nos brebis intérieures (nos désirs) tout en visitant un palais des mille et une nuits (notre être profond) sans renverser notre cuillère pleine d'huile (nos soucis quotidiens qui nous empêchent de voir les splendeurs du palais).

Parfois, il s'agit d'une méthode américaine concrète pour sauver son couple en réalisant que les hommes sont frustrants et les femmes frustrées, que le mari et son épouse vivent chacun sur des planètes différentes où les problèmes imaginaires des unes ne correspondent pas aux solutions inadéquates des autres. D'autres fois, la méthode consiste simplement à réinventer sa vie, à entrer dans la dimension légendaire de son être, à vivre sa fable personnelle grâce aux jeux de maux qui guérissent : « Si tu hais la route que tu suis, suis la route que tu es. » D'autres enfin, sur les traces de

1. *La Joie du bonheur d'être heureux*, Chiflet & Cie, 2009.

Ron Hubbard[1], proposent un reformatage complet du potentiel neuronique grâce à la fée électricité afin d'y effacer tous les aberrogrammes qui nous empêchent de danser aussi bien que John Travolta.

DIARISTE MAUDIT

Clerc obscur

Contrairement au blogueur qui tient un journal public souvent confidentiel, le diariste maudit tient un journal confidentiel dans le but de le publier. Entre deux verres au Sélect ou à la Close, il retrouve sa soupente mal chauffée pour consigner, du bout de ses doigts bleuis, tout le mal qu'il pense des gens qu'il fréquente assidûment ou qu'il regarde à la télé. Drapé dans sa liberté de penser et une couverture tricotée par une maîtresse-mécène, cet asocial forcené repousse obstinément les avances libidineuses de la pensée dominante pour dire son mépris d'une époque tellement aveugle qu'elle ne réalise même pas à quel point il est le fils caché de Nietzsche.

Comme Jean-Jacques Rousseau refusant la pension que voulait lui verser le roi, le diariste maudit méprise le minable à-valoir que voudrait lui refiler son éditeur et, après avoir dûment consigné cet acte héroïque dans

1. Qui a longtemps hésité entre la science-fiction et l'invention de la scientologie, première religion payante.

son journal, il s'autoédite (quadruplant au passage ses droits d'auteur).

Volontiers fumeur de pipe (il a écrit de très rimbaldiennes charges contre les lois Évin hygiénistes et pour le droit imprescriptible de choisir son cancer), vêtu de peu (mais toujours dans un esprit célinien de médecin des pauvres), encenseur des braves et des petites gens du pays réel (sauf s'ils sont sociaux-démocrates, juifs, homos...), pourfendeur de la littérature du politiquement correct (à laquelle il consacre des milliers de pages), le diariste maudit sait se faire assez détester des « médias pourris » pour avoir droit à quelques émissions auxquelles il sert de caution. Son rêve le plus secret est d'entrer dans la liste noire de ceux qui ne seront jamais invités par Patrick Cohen. Libre-penseur debout (quand tout le monde est à genoux), veilleur dans la nuit de la pensée (sa parano le rend insomniaque), grand amateur de complots et de lobbys (il y en a au moins un par tome de son journal), le diariste essaie d'exister à mort. Réhabilitation de la pédophilie à la grecque, de la femme au foyer, du IIIe Reich ou de Staline, supériorité ontologique de l'homme occidental à cheveux courts, nostalgie du passé glorieux et des disques vinyles, désir de pureté et d'ordre, droit de ne pas faire ses devoirs de mémoire... : aucun lieu commun de la provocation ordinaire n'est trop rance pour ce *sniper* du prêt-à-penser qui écoute les bruits du monde, tire sur tout ce qui bouge et parle si bien des cons qu'on jurerait qu'il les connaît de l'intérieur.

DICTIONNAIRE

Dico-dico par-ci, dico-dico par-là

Dictionnaire des vins de France, dictionnaire des rimes et assonances, dictionnaire des combinaisons de mots, dictionnaire du look, dictionnaire amoureux, dictionnaire d'histoire culturelle, mon premier dictionnaire, dictionnaire superflu, dictionnaire poétique, dictionnaire des couleurs du temps, dictionnaire de la mort, dictionnaire des idées reçues, dictionnaire à tout faire, dictionnaire impertinent, dictionnaire des citations, dictionnaire des mots tordus, dictionnaire de poche, dictionnaire superficiel, dictionnaire de pensées positives, dictionnaire incorrect, dictionnaire visuel, dictionnaire des tracas, mon ami le dictionnaire, dictionnaire inattendu, dictionnaire déjanté… : on parie combien qu'un éditeur opportuniste à scooter va avoir l'idée de sortir un dictionnaire énervé ?

DIGITAL MUM

Rebooteuse

La digital mum est une femme libérée, comme vous et moi, mais qui surfe sur le Web en préparant le repas tout en tweetant sur son smartphone devant sa catch-up télé. Selon les publicitaires qui viennent de forger le concept, la France compterait déjà près de 9 millions de « mamans numériques[1] ». Une étude récente dresse le portrait robot de la DM dans sa version 2.0 : *« Elle a 40 ans en moyenne mais cultive le sentiment d'en avoir 33 et elle déclare agir autant par intuition que par raison* [2] *».* On imagine facilement le temps de cerveau disponible que ça représente… Adieu la ménagère de moins de 50 ans qui nous bassinait avec ses taches qui résistaient, ses cheveux qui fourchaient, ses déodorants qui lâchaient et ses WC qui s'entartraient sous le rebord. Bienvenue à la digital mum. Plus branchée, plus glamour, plus *open mind,* toujours prête à « acheter du fun [3] » et à régler en crédit revolving.

1. Traduction recommandée par la French Academy.
2. Étude WebMediaGroup.
3. *Ibid,* comme on dit pour faire documenté.

E COMME...

ÉLECTROGYM

AC/DC

Pour se faire un look digne et présentable (en pantacourt à Center Parcs ou en shorty à la Voile rouge), on a le choix entre le fitness et le branchement sur l'électrogym. Le principe de cette dernière est tellement évident qu'on se demande comment on n'a pas acheté plus tôt un Slendertone. Il suffit de coller quelques électrodes sur son absence de muscles, d'appuyer sur un bouton et d'attendre la fin du palpé-roulé pour obtenir le corps de Terminator (avant qu'il ne devienne governor of California). D'ailleurs, sur l'emballage de l'appareil, un costaud bronzé, luisant et bardé de fils, lit tranquillement un journal hollandais pendant que sa femme, branchée elle aussi, passe l'aspirateur en se marrant. Aussitôt déballé, aussitôt câblé. Me voilà prêt à une heure *maximum* d'exercices comme recommandé en lettres rouges sur la boîte.

Sur le boîtier de commandes, j'ai le choix entre « Flapping », « Rolling », « Acupressing » et « Pinching ». Perplexe, je compulse fébrilement la section française du mode d'emploi de 210 pages à la recherche de conseils pour ma première séance :

« Vous choisissez le programme que vous voulez (au temps de la vacation maximum) pour refléter l'image b). Quand vous avez commencé de presser le bouton d'augmentation d'excitation avant la peine, l'image c) montre quel programme vous choisissez de l'intensité de contraction (cela changera de la personne à la personne). Vous devez arriver au niveau d'intensité de 15 ou plus haut à votre première vacation. Et en croissant, pistonner d'un, cela grandit (comme l'image a) la force agissante de votre exercice d'un muscle selon le contrat. »

Commençant à regretter d'avoir pris une sous-marque taïwanaise au lieu du vrai Slendertone, j'appuie sur un programme au hasard et mets le curseur sur « low » (on n'est jamais trop prudent avec ces saloperies de supplices asiatiques). L'effet est saisissant. À mi-chemin entre l'impression qu'on me chatouille avec une tenaille et celle que je vais incessamment accoucher d'un alien. Non seulement je n'ai aucune envie de lire le journal (et surtout pas en hollandais) ou de passer l'aspirateur comme sur l'emballage mais, à part sentir les muscles de la douleur du visage qui travaillent en profondeur, je ne peux rien faire d'autre que de mordre le canapé en attendant la prochaine décharge.

Après cinq minutes de torture, je décide de ranger pour toujours l'appareil à côté de mes haltères et de ma corde à sauter Rocky IV.

Et c'est là que je comprends pourquoi le gros balaise sur la boîte n'a pas (plus ?) de poils. Si, conformément au mode d'emploi, on a comme moi *« sécuré que les électrodes [sont] en adhésion sur la propre et sèche peau avant dépose »,* leur décollage fait l'effet d'une épilation à vif.

ÉNERGIE

Ça gaze

Enfin, ça bouge dans le domaine de l'énergie, qui est notre avenir, économisons-la. Gaz de France (les camionnettes bleues), après être devenu GDF Suez (les camionnettes blanches), vient de faire le grand saut qu'on attendait pour devenir Engie (les camionnettes orange). J'ai entendu dire qu'Engie se prononce « Héneji » (comme la copine de Mick Jagger) et pas « Hanghi » (comme dit ma mère). J'admire sincèrement les fils de pub qui ont trouvé: « Engie : *by people, for people* », tellement plus fort que le ringardissime : « Ici. Là-bas. Pour vous. Pour demain » des années GDF (ou même que « Avec Engie, mes spaghettis sont toujours bien cuits » que j'aurais proposé si on m'avait demandé mon avis).

Dans l'électricité aussi, ça remue. L'autre jour, je discutais de transition énergétique avec Saturnin, mon ami écolo en sandales-chaussettes. « Utiliser la fission de l'atome pour chauffer de l'eau et faire tourner des turbines, me disait-il dans sa barbe douteuse, c'est aussi con et anti-économique que de prendre la navette spatiale pour faire Marseille-Toulon ou que passer l'agrégation de mathématiques pour jouer à la Valise RTL ». Ça m'a décidé à changer de fournisseur. Je suis passé d'EDF, et ses déchets radioactifs, à Enercoop, une coopérative de petits producteurs indépendants qui élèvent des électrons libres dans des éoliennes à taille humaine, des moulins à eaux et des décanteurs à purin. En deux clics, c'était fait. Croyez-moi ou pas, depuis que je suis fourni en énergie verte et inépuisable, j'y vois plus clair et je regarde mon compteur d'un œil nouveau car je sais qu'il est bien nourri.

ESTIME DE SOI

Parce que c'était soi, parce que c'était moi

Si vous vous sentez nul, sali, humilié, méprisable, au fond d'un gouffre, inutile, contagieux, maudit, abject, filloniste, dénué de tout intérêt, vieux..., c'est peut-être que vous n'avez pas une bonne estime de soi (donc de vous). Heureusement, des tas de nouveaux thérapeutes, souvent beaucoup plus glamours que les psys ringards du XXe siècle, sont là pour vous aider à acquérir une meilleure estime de soi (pas la leur, la vôtre).

À la différence des fumeux concepts freudiens du « moi », du « ça » et du « surmoi » qu'on ne voit jamais, le « soi » s'observe couramment dans la nature. Car le soi, c'est vraiment vous. Si votre soi va mal, vous aussi. Si vous allez bien, lui aussi. Tout bas de soi entraîne un bas de vous et tout petit haut de soi, un petit bon du moi de vous. En revanche, si votre soi est content de lui, alors vous pouvez être content de vous. L'idée, c'est donc que tout le monde devrait avoir un soi rayonnant de confiance en lui (donc en vous).

Les méthodes reposent en général sur un travail souvent qualifié de cognitif pour faire scientifique qui consiste à faire à votre soi tout ce que vous voudriez qu'il fasse pour vous. Par exemple, dire à votre soi qu'il est beau, intelligent, digne d'amour de soi… puis réaliser que ce soi que vous trouvez beaucoup mieux que vous, c'est lui ! Donc s'il est beau, intelligent, etc., vous aussi et donc, vous êtes beaux tous les deux et il n'y a pas de jaloux. Du coup, vous vous mettez à l'estimer beaucoup et lui aussi et ça rejaillit sur vous. À la fin, vous finissez par vous trouver aussi bien que lui et vous réglez la séance par un chèque qui sera débité de son compte (à vous).

ÉTUDIANT

Que faire malgré le BAC ?

L'étudiant est un type comme vous et moi, sauf que nous, on angoisse maintenant alors que l'étudiant flippe pour son avenir. On reconnaît l'étudiant à sa tignasse de 3 ans, à sa barbe de 3 jours et à ses nuits de 3 heures. J'ai eu une voisine étudiante qui dormait si peu, que moi non plus. Quand je tapais au mur avec mes vieilles pantoufles, elle montait la musique pour ne pas me laisser moisir seul dans ma petite vie de vieux con presque chauve. C'est comme ça que j'ai découvert Christine and the Queens. Contrairement à une idée reçue (sans qu'on sache précisément qui l'a envoyée), l'étudiant est overbooké. Sa journée type commence par un petit déj-brunch-goûter-dîner à base de corn flakes, cigarettes et Red Bull mixés dans un bol mal lavé par son colocataire. Elle se poursuit par une sieste à la bibliothèque universitaire, une vacation chez McDo, un TD de quelque chose (du fond de l'amphi bondé, il lui est difficile de se faire une idée précise de quoi on lui parle) et une cuite à la fête des premières années de pharma. Mais j'exagère parce que je suis jaloux. Il y a des étudiants qui savent se tenir (droit, commerce, modélisation des flux laminaires en milieu pseudo-solide...). Un jour, ils exerceront le métier de leur rêve : avocat d'affaires, chargé de produit chez Unilever, ingénieur chez Areva... Car ils ont un but dans la vie et ils se donnent les moyens d'y arriver. Pour eux, au bout du chemin, il y a un job. En Australie ou au Québec.

Certes, il y aussi des étudiants à barbiches (en psycho-socio, socio-pyscho, anthropo-égyptologie, linguistique appliquée...) qui rangent les livres à la Fnac. J'en ai connu un qui était étudiant depuis si longtemps qu'il ne savait plus très bien ce qu'il étudiait. À cause des équivalences, des redoublements, des réformes ministérielles, des nouveaux masters et des joints..., il avait perdu le fil et ses bourses. Mais même ces étudiants-là finissent par retomber sur leurs Converses. Après une dernière petite thèse pour la route, ils rejoignent une équipe dynamique de surdiplômés comme eux, pour bosser en intérim dans le phoning ou la saisie des arrêts maladie dans une mutuelle.

EX-FAN DES BEATLES VS EX-FAN DES STONES

Give peace a chance

On distingue à vue d'œil l'ex-fan des Beatles, qui s'est bouffi comme McCartney (quand il ne s'est pas raidi comme John Lennon) et l'ex-fan des Stones, qui s'est flétri comme Mick Jagger. À l'époque où il fallait obligatoirement emballer sur *Jumpin'Jack Flash* ou *Let it be*, l'un a craqué pour la bouche monoïque de Jagger, l'autre pour les coupes au bol impeccables des quatre garçons à frange. Aujourd'hui, la guerre tribale Beatles-Stones se poursuit dans les boutiques de produits dérivés. Côté Beatles : mugs sympas, coussins équitables, cabas douillets et pulls en cachemire Hobbs. Chez les Stones, définitivement plus rock & roll, des casquettes (qu'on peut porter à l'envers en signe de sympathy for the Devil), des ceintures cuir cloutées, des stylos sexy-métal... Sans oublier la carte Visa de la Société Générale ornée de la langue de l'album *Sticky Fingers* qui permet aux vrais fans de conserver la Jagger attitude même à Monoprix.

Dans la vie professionnelle aussi, les deux écoles s'affrontent. Côté ex des Beatles, on bosse plutôt dans la banque assurance. Côté Stones, on est dans la pub et la com[1]. Tandis que le beatlesmaniaque vieillit doucement en regardant grossir sa femme, le fan des Stones entretient son côté indomptable en choisissant ses jeans, ses T-shirts et ses maîtresses toujours une taille en dessous. Tous les deux ans, il fait la queue pour arracher les billets de la dernière-des-dernières-tournées et admirer sur un écran géant Lord Mick Jagger qui expédie la dernière-des-dernières compil de ses plus grands tubes. Pour se consoler, l'ex-fan des Beatles regarde *A hard day's night* en version colorisée.

EXPLOITANT AGRICOLE

Silence, ça mousse !

À la différence du paysan qui a des champs, un tracteur, des animaux et des dettes, l'exploitant agricole a une mission, des lobbyes à sa botte, des surfaces cultivables, un parc d'engins John Deer en leasing et des subventions européennes comme s'il en pleuvait (surtout s'il n'a pas assez plu). Contrairement

1. Alors que côté Johnny, on est plutôt routier en plan social.

au paysan vieux jeu qui palpe anxieusement ses épis, l'exploitant agricole à la mode tripote son iPad dans la cabine climatisée de sa pulvériseuse pour connaître le cours du quintal de blé et croise les doigts en espérant qu'une bonne grêle (dans l'hémisphère sud) boostera les marchés. En plein désarroi, le petit paysan ringard se pend dans sa grange qui prend l'eau. En pleine chute des cours, l'exploitant agricole en colère fait brûler des moutons devant la sous-préfecture, déverse du lait dans les égouts et détruit une gare pour réclamer la solidarité de tous les riverains dont il a empoisonné l'eau du robinet. Tandis que le paysan dépassé essaie d'écouler ses patates pleines de terre au marché du samedi, l'exploitant agricole brûle ses excédents de céréales à la fête de la moisson, distribue le lisier de porcs aux poulets et le lard aux cochons (malades de la grippe aviaire).

EXPO ÉVÉNEMENT

Compression de visiteurs

Je ne rate jamais une expo événement. Comme je suis affamé de cultures (je mets toujours un « s » pour n'exclure personne), je me passionne pour tout ce qui bouge dans la Cité (pas au sens hip-hop, au sens grec antique). Les fauvistes, les Mayas, Jeff Koons, les dinosaures, la conquête spatiale, Rothko... j'ai vu toutes les expos à voir absolument. Il n'y a que Picasso-Giacometti que j'ai raté parce que c'était en même temps qu'Henri Fantin-Latour (mais j'ai quand même acheté l'affiche et le catalogue événement).

C'est à la fois rare et précieux de voir tant d'œuvres au mètre carré et tant de gens affamés de peinture ou d'égyptologie qui font la queue devant. La concentration des œuvres dans un espace-temps aussi restreint (les billets donnent droit à 2 heures) génère d'ailleurs un effet de masse et d'étourdissement dont l'artiste lui-même n'avait peut-être pas conscience quand il les a faites une par une.

À la rétrospective sur Bernard Buffet, c'était d'une telle densité et il faisait tellement chaud que j'ai failli m'évanouir comme un Japonais découvrant l'état des toilettes dans les bars parisiens. Malgré l'accrochage chronologique et mon audioguide où une fille mélancolique me donnait des infos exclusives, à la fin je mélangeais tout : la période pré-Annabelle/post-Annabelle, les huiles sur canevas pour salles d'attente de dentistes et les sanguines sur papier marouflé pour salons de thé…

Dans le métro, en rentrant, j'ai relu le hors-série événement sur l'expo. En découvrant tout ce que je n'avais pas vu, j'ai décidé d'y retourner. On n'a jamais trop faim de culture.

F COMME...

FACEBOOK

« On s'ennuie tellement » (Alain Souchon)

Ne le répétez pas mais je n'utilise Facebook que pour vendre mes livres. Puisqu'il paraît que sur les réseaux sociaux : « la marchandise, c'est nous », j'essaie d'y refourguer la mienne. On ne me verra jamais poster un gag gratuit[1] avec l'espoir qu'une dénicheuse de talents de Canal me repère et me propose une pastille déjantée en clair, suivie d'un « one man » à Bercy et d'un film avec Kev Adams. Je garde mes meilleurs gags pour moi (je peux être très drôle quand je suis tout seul) ou, à la rigueur, je les mets dans mes livres. Livres que je vends sur Facebook. Vous me suivez dans mon *business plan* diabolique ? Mais pour les y vendre, encore me faut-il des amis (car si un ami sur 5 m'achète un livre, j'en écoule un millier en un seul post). Au prix où les *community managers* vendent les amis Facebook (19,90 euros les

1. Ou alors piqué à Haudiquet.

500 amis, soit 3,9 centimes pièce), j'essaie de me les faire moi-même puis, une fois rangés dans mon fichier « amis solvables », je m'efforce de les garder, en *likant* au hasard leur nouveau chat, leur dernière opinion sur Mélenchon ou leurs mojitos en terrasse.

C'est ainsi que j'ai accepté l'amitié d'une fille inconnue qui m'a simplement écrit « Sava ?». Avant de répondre, j'ai quand même jeté un coup d'œil à sa page et j'ai compris qu'elle devait avoir beaucoup de loisirs vu qu'elle passait son temps à faire des selfies en sous-vêtements avec des talons hauts. J'en ai déduit qu'elle pourrait sans doute m'acheter un livre. Nous avons débuté une conversation sur Messenger.

« Je suis habillée comme sur cette photo, m'a-t-elle écrit. Tu aimes ? »

Elle avait joint à son message un selfie en peignoir entrouvert sur deux seins roses et lourds.

J'étais mal à l'aise. Hors de ma zone de confort. Comment lui faire comprendre, avec délicatesse, que je l'aurais préférée en anorak avec une cagoule sur la tête ? J'ai répondu « Kikoo lol », à tout hasard.

– Je m'ennuie un peu… Et toi ? Tu fais quoi en ce moment ? a-t-elle voulu savoir.

– J'écris un livre. Je vous préviendrai quand il sortira… ça vous passera le temps ; ☺.

– Si tu veux, on peut se parler sur Facetime…

J'ai poliment décliné l'offre mais à l'heure où j'écris ces lignes, la jeune fille désœuvrée est toujours présente dans la liste de mes amis et elle a l'air d'avoir toujours autant de temps libre. Déjà un exemplaire vendu.

FAINÉANT

Mollo moderato

Ne surtout pas confondre le fainéant avec le chômeur culpabilisé ou le retraité inoccupé qui passent eux aussi beaucoup de temps à glander mais que ça angoisse.

Tous les matins, à l'heure où les travailleurs de son immeuble s'en vont faire du phoning dans les call centers où on les maltraite, le fainéant se retourne sous sa couette, vérifie l'heure sur son radioréveil en panne et replonge dans son rêve où il rêve qu'il dort. Après un solide petit déjeuner à base de Yop périmé, de céréales Leader Price et de knackies Herta mélangés à même le saladier, il descend lire *Le Parisien* au café d'en bas en commençant par les aventures d'Édouard Philippe (dont l'emploi du temps dément le réconforte) et les pages emploi-recrutement, pour faire le point sur toutes les situations et carrières en or qu'il rate faute de temps.

Car le fainéant est tous les jours dans la peau du type en week-end qui a un milliard de trucs à faire et ne sait pas par où commencer vu qu'il est déjà 11 h 30. Il irait bien à la Fnac voler la saison 5 de *Breaking Bad*, mais la sécurité l'a repéré, ou draguer à la piscine, mais à cette heure-ci, il n'y a que des vieilles. Alors il fait une grosse lessive au Lavomatic où il met à bouillir ses draps et ses chemises en parcourant les petites annonces de *Paru-Vendu* car il cherche un ampli d'occase.

Quand il rentre chez lui, épuisé mais fier de la tâche accomplie, il est déjà l'heure de déjeuner. Heureusement, le fainéant a toujours des restes de poulet au frigo au cas où il aurait une petite faim en rentrant du théâtre (même s'il ne va jamais au théâtre vu que ça commence trop tôt). Et si le poulet est vraiment terminé, il finit les Cracottes avec un fond de Nutella devant un épisode de *Grey's anatomy* sur NT1.

Je connais personnellement un fainéant[1]. Il vit dans mon immeuble (studio 17, allée C). Je l'ai rencontré à une « Fête des voisins » où il pillait nonchalamment le buffet des cakes salés. J'ai eu l'occasion de lui demander comment il subvenait à ses besoins. De sa réponse assez confuse, j'ai retenu qu'entre ses bourses universitaires (il est vaguement en fac de socio), ses allocs d'intermittent (il a été éclairagiste pour une troupe de hip-hop) et les aides de sa famille, il a juste assez de fric pour *« ne pas perdre sa vie à la gagner »*. Forcément, en bon citoyen qui cotise pour des flemmards dans son genre, je n'ai pas pu m'empêcher de penser que si tout le monde décidait d'être heureux comme lui, la France aurait le PIB du

1. En plus de mes neveux.

Botswana et le MEDEF demanderait l'asile politique à la Chine. Mais j'ai gardé ça pour moi. Cette feignasse n'aurait pas compris. C'est le genre de type qui vit dans un monde où demain compte moins qu'aujourd'hui, où l'effort n'est pas une valeur en soi, où l'autre n'est pas forcément un compétiteur à éliminer. Je suppose qu'il doit parfois se faire engueuler par ses proches et promettre qu'il va jouer le jeu. Je l'imagine se rendant à son rendez-vous à Pôle-Emploi. En chemin, il savoure le printemps à son apogée. Comme il fait beau à n'y pas croire, beau comme jamais, un temps à rire et courir, il fait beau à perdre la mémoire, alors il oublie où il allait et il s'offre un petit blanc en terrasse.

FÊTE DES VOISINS

Ensemble, c'est tout

On choisit ses amis, mais rarement ses voisins. Mes amis, je les fête chaque année, fin juin, en me fadant le concert de la chorale où ils soignent leurs dépressions (en débloquant leur colonne d'air sur du Bach). C'est dire à quel point je les aime.

Quant à mes voisins, le seul moyen que j'ai de leur montrer mon amour, c'est de leur faire un cake aux olives le jour de leur fête. Comme on habite dans une résidence à dentistes des années 70, on a un hall d'entrée en faux marbre, immense et prétentieux, où on installe les tables de réunion du syndic sur lesquelles on punaise des nappes en papier festif. Pour le repas, on met tous nos moyens en commun. La fille de la concierge bricole des fleurs en papier crépon, je réchauffe les quiches dans mon four perso, l'infirmière du studio D 53 apporte une Cocotte-Minute pleine de sangria, les Karambiri N'Diabate (une famille de minorités visibles à boubous voyants) font leur poulet aux arachides, le vieux garçon du B 37 débouche les bouteilles...

Une année, on avait installé une sono, mais ça a dégénéré en engueulade.

– Ah non, vous n'allez pas nous mettre ça ! a protesté la propriétaire du A 43. Je l'entends assez toute la journée !

– C'est pas de ma faute si les murs sont minces et si vous espionnez vos voisins, a répondu le locataire du A 22.

– Entre ceux qui mettent la musique à fond et celles qui font pisser leur teckel dans le local des vide-ordures, je ne sais vraiment pas qui je préfère..., a renchéri le vieux garçon du B 37.

Depuis, on évite la sono. D'autant que l'aîné des Rocher-Polignac, qui apprend la contrebasse, nous fait bénévolement une petite démo à l'apéritif. C'est fou ce qu'il progresse. C'est chaque année plus long.

En général, sous l'effet de la sangria, les langues se délient et l'embarras général du début laisse vite place à une chaleur humaine totalement insoupçonnable durant les glaciales réunions de syndic. Chacun fait un effort pour accepter l'autre dans sa différence (il y en a même qui reprennent de mon cake) et on découvre que l'abruti du C10 est plutôt sympa, finalement, quand il est soûl. Les enfants ont même le droit de courir et de s'amuser dans les « parties communes » (où l'on ne rappellera jamais assez que les vélos, poussettes et jeux de ballon sont formellement interdits).

Une année, le vivre-ensemble était devenu tellement convivial que le fils Karambiri N'Diabate a sorti son djembé. Les conversations bon enfant sur le remplacement des balcons en aluminium du bâtiment A ont aussitôt cessé et tout le monde a écouté.

– Ça donne vraiment envie de danser, a affirmé la concierge qui écoute plutôt du Frank Michael d'habitude.

– Moi, ça me met en transe, a surenchéri la prof de français du A24.

– C'est de la peau d'alligator? a demandé l'abruti du C10.

Moi, dans mon coin, je les regardais. Ils avaient l'air si bien ensemble. Alors, puisque, cette année encore, le lien social avait été bien retissé dans la résidence, je pouvais m'éclipser et retrouver ma solitude. Tandis que je rejoignais mon appartement où je n'habite ni seul, ni avec maman, je sentais que l'effet de la fête s'estompait peu à peu. Une fois arrivé sur mon palier, j'ai réalisé que l'autre con redoublait de coups sur sa peau de bique et que je n'avais plus de boules Quies.

FITNESS

Debout les damnés de l'haltère

À l'opposé du sportif individualiste de base qui aime à se sculpter tout seul dans sa chambre sur un tapis plein d'acariens, l'abonné au fitness a un goût inné pour la convivialité. Peu lui chaut de respirer l'eau de toilette des autres sportifs dans une salle surchauffée, l'essentiel, c'est de se regarder suer les uns les autres dans le même miroir mural.

Avant toute chose, l'abonné doit s'initier à la langue du fitness : *body-stretcher* (barre d'appui), *cardio-trainer* (tapis roulant), *total-body-power-fat-burner* (vélo d'appartement), *cramp* (crampe)... Ensuite, il lui faut choisir le *fitness center* de son choix. L'offre va du gymnase communal (avec mycose dans la douche) au Club VIP Gerlain du Ritz (avec Nikos dans le jacuzzi). Pour que le *fitness program* fonctionne, les séances doivent être régulières et pénibles. Habitué à être payé pour subir sa vie, l'abonné au *fitness center* adore l'idée d'en baver volontairement et en payant lui-même. Pas question donc d'aller « faire du sport » entre copains pour se taper un bon cassoulet en sortant. Le fitness se pratique entre deux réunions stratégiques, durant la pause déjeuner (remplacée par une barre hyper protéinée et un jus de légumes) ou après le boulot (pour évacuer les tensions liées à l'externalisation du personnel en Chine). Le verre d'eau de l'amitié est toléré (s'il est pris au *water bar* du club).

Côté *sportswear* (survêt), outre le bandeau frontal en éponge fluo, la tenue règlementaire consiste en un justaucorps autotranspirant en microfibres à l'élasthanne avec poche ventrale pour le smartphone.

NRJ dans les vestiaires, clips de Madonna en salle de step, intégrale Rocky en salle de muscu... même à Juvisy, tout est prévu pour immerger dans une atmosphère new-yorkaise l'abonné qui, tout en courant sur place, se prend à rêver d'une nouvelle voiture et d'une nouvelle femme, plus racées et plus sportives.

Si, dans de nombreuses salles, le prof a été remplacé par un écran plat, le membre bénéficie parfois des encouragements personnalisés d'un coach. Selon le standing du club, il peut s'agir d'un maître nageur bedonnant en collants, d'une prof de yoga-country, d'un vidéo-coach sur DVD ou du *« périnée supervisor »* perso de Kate Middleton. À l'issue d'un bilan de compétences (l'abonné sait-il soulever un haltère et programmer une PowerPlate ?), le coach passe un « contrat moral » avec son poulain : perdre 30 kilos, se faire le ventre de Ryan Gosling, arriver à toucher ses genoux... Profondément bouleversé par cette confiance aveugle qu'on lui accorde enfin pour la première fois de sa vie, l'abonné rempile généralement chaque année jusqu'à sa première hernie discale.

FOOT

Tragédie en short

Il aime le baroque tardif, moi les asperges précoces. Il trouve Kierkegaard profond et Sylvie Vartan drôle, alors que pour moi c'est l'inverse… Mais à part ça, rien de grave ne semblait menacer notre couple pépère. Jusqu'en 1990, année du premier mondial de foot que nous avons passé ensemble. Nous étions à Rome. Il faisait chaud. Les jeunes Romaines, provocantes et sensuelles, portaient des jupes moulantes, fendues très haut sur leurs cuisses fermes dorées à souhait. Dans leurs corsages entrouverts, leurs jeunes poitrines tendues palpitaient de désirs inavouables. Mais ce n'était pas gênant tant qu'elles ne nous faisaient pas chier. Il régnait dans toute la ville une fièvre particulière. Drapeaux italiens accrochés aux fenêtres, bus de touristes au visage peint, klaxons, banderoles… Ce soir-là, on s'était donné rendez-vous Piazza Navona et j'étais arrivé avec un quart d'heure de retard car j'avais lu dans *Têtu* qu'il faut savoir se faire attendre. Il m'attendait donc. Mâchoires crispées, consultant fébrilement sa montre, geste rarissime chez un Romain de naissance. Une étrange atmosphère flottait sur tout le centre de la capitale. À part nous, il n'y avait pas d'autres formes de vie sur la place que des pigeons et des Danois purpurins.

Il m'a accueilli par un très tendre :

– Qu'est-ce que tu foutais ? On va rater le début !

– On va au ciné ? ai-je demandé.

– Tu n'es pas au courant ? Il y a Italie-Uruguay aujourd'hui. On va les niquer.

– Tu plaisantes ?

– Pas du tout. Toto ne rate pas une occase et Baggio est au top. On est dans une configuration genre 1982 : catenaccio au fond et milieu de terrain AC-Juventus.

J'ai voulu lui expliquer que, tant que la Gendarmerie nationale ne m'y contraindra pas, je ne mettrai jamais volontairement les pieds dans un stade, mais je n'ai pas eu le temps. On s'est retrouvés dans un bar bondé où des tas de gens se tordaient le cou pour voir un écran de télé suspendu au plafond. Cette fois-là, ça s'est bien terminé. L'Italie a dégagé l'Uruguay et le patron a payé une tournée. Mais le jour où les Azzurri ont été injustement battus par l'Argentine à cause d'un certain Maradona[1], j'ai fait la connerie de dire qu'on était enfin débarrassés des beaufs en short. J'aurais mieux fait de tourner 7 fois ma langue autour de ma glace stracciatella. Je me suis d'abord fait traiter d'intello de gauche français arrogant, limite BHL, ensuite de crétin qui ne sait même pas ce que c'est qu'un tacle et enfin de type obtus qui ne voit pas comme tout ça

1. Un petit brun râblé très mobile (à l'époque) et anormalement nerveux (pour plus de détails, se rapporter à l'entrée Cocaïnomane de cet ouvrage).

ressemble au destin tragique de l'Italie : les meilleurs sur le papier mais toujours perdants à la fin. Tout juste s'il me traitait pas de pauvre tapette. Sous le Dr Jeckyl, le mister tifoso avait montré sa face Vert Blanc Rouge.

Depuis, pour sauver mon couple, j'ai lu dans *Marie-Claire* qu'il faut attendre que ça passe. N'empêche que tous les quatre ans, tant que les Ritals gagnent, on se tape des soirées télé sinistres avec bières tièdes et antipasti secs. Inversement, si les Azzuri dégagent vite, il y voit un signe du destin et il joue du Dylan tout seul dans sa chambre pour se consoler. Je me demande parfois si je ne devrais pas trouver quelqu'un qui s'en fout du foot. Il paraît que ça existe, mais que ça cache souvent une addiction au rugby.

G COMME…

GAY

Ecce homo

Pendant des années, quand tonton Albert me demandait, devant la famille au grand complet : *« Alors, quand est-ce que tu nous la présentes, ta chérie ? »*, j'eus honte d'avouer que ma copine s'appelait Didier ou Mouloud. Pour éviter une ambiance *Festen* au dessert, je choisissais une femme-écran au hasard parmi mes petites camarades de classe (certaines d'entre elles ont fait, depuis, de beaux parcours de filles à pédés[1]) et je la présentais comme ma nouvelle conquête, entretenant ainsi ma légende de tombeur des cours de récré.

Et puis, après de longues années passées à faire semblant d'aimer les quads et le foot (alors que je préférais écouter Nana Mouskouri et faire des nattes

1. Véronique, tu devrais essayer les mecs hétéros.

à mon poney), vint le jour d'annoncer ma différence à mes parents abonnés à *La Vie*. Après une petite dépression de routine, ils finirent par se faire à l'idée qu'ils avaient tout raté puis renoncèrent à chercher où et quand. Pendant ce temps, tel Andy Warhol quittant Pittsburgh pour New York, je découvrais la capitale. Là, au moins, tout le monde s'en foutait que je sois homo comme un sac à dos, bi comme un vélo, asexuel comme un métro ou même hétéro de base. Je commençai évidemment mon exploration par La Mecque des mecs : le Marais et ses boîtes, ses bars, ses fleuristes, ses coiffeurs-visagistes, ses antiquaires, ses restaus, ses pharmacies, ses cinés, ses boulangeries, ses librairies, ses agences immobilières, ses labradors chocolat... tous garantis, sinon queer, au minimum « gay friendly », voire « hétéro hostile » pour les plus engagés. C'est ainsi qu'un soir, sortant d'une choucrouterie gay, je décidai d'aller boire un dernier verre dans un bar au-dessus duquel flottait fièrement le « rainbow flag » (drapeau qui rappelle que les goûts et les couleurs sont aussi innombrables que les huit couleurs de l'arc-en-ciel). Après une dizaine de minutes d'attente au comptoir, je finis par remarquer l'absence totale de filles dans l'établissement puis que tout le monde portait un pantalon en cuir, un foulard et un marcel à la Freddy Mercury. Au bout d'une demi-heure, je rappelai ma présence au barman qui me crachota, par-delà ses piercings dans la lèvre et sur la langue : *« Tu vois pas que c'est un bar à moustaches ici ? Les tapettes, c'est de l'autre côté...* » Effectivement, sur le trottoir d'en face, un autre bar débordait de garçons, fringués comme pour un thé dansant chez Patachou et qui frétillaient en Ramsès-walk sur la version remix club de *Gigi in Paradisco* (Dalida, 1980). Pour éviter de devoir choisir fièrement mon ghetto, j'ai décidé de rester honteux. J'ai pris un air straight et je suis allé boire ma bière dans le quartier hétéro.

GASTRONOMANIAQUE

Pervers polymorfale

Que le gastronomaniaque prenne son pied en cuisine, tant que c'est entre adultes et légumes consentants, c'est son droit le plus strict mais qu'il nous impose sa « vision » de la blanquette de veau déstructurée cuite à l'azote liquide, c'est à la limite du viol alimentaire. Or l'étrange affection fait des ravages dans les dîners en ville. Et les concours de cuisine télévisés et autres «tutorials» culinaires accélèrent encore la pandémie de mignardises, mises en bouche, verrines stratifiées, assiettes carrées, glace à l'osso buco, flanc de reblochon à l'ananas et autres mousses de soupe au chou[1].

---

1. Recette pour 4 personnes: remplacer le chou par une crème d'oseille émulsionnée au bain-marie dans son suc de caléfaction déglacé à l'évanescence de vinaigre de houblon.

Fini le temps où, avant de se faire une bouffe entre amis, on passait acheter du saumon chez le traiteur ou des lasagnes chez Picard en rentrant du bureau. Le gastronomaniaque amateur prend désormais une journée de RTT pour avoir tout le temps de vous mitonner un repas inoubliable. Ce passage du *« tant pis si tes pâtes sont trop cuites, on se rattrapera avec le dessert »* à la gastronomanie sévère (certains bradent leur PEA pour s'offrir des cours de cuisine au Bristol) se repère dès le vestibule. L'absence d'effluves constitue la première alerte.

« Tout est fait minute », annoncera fièrement le malade du fourneau en tablier immaculé, ravi de tester en vraie grandeur la recette de gratin dauphinois moléculaire qu'il répète depuis la veille. En guise de « mise en chaise » (sic), des sprays de Saint-Jacques et des perles d'alginate trônent au centre d'un chemin de table à base de bois flotté comestible et de coquilles d'huîtres laquées au caramel. Devant chaque convive, des assiettes géantes attendent l'entrée ratée (« J'ai dû forcer sur le miel d'endives »), le plat principal cramé (« La cuisson au sèche-cheveux, c'est hyper délicat ») et le dessert loupé (« J'ai pas trouvé de pistache de Sicile, j'ai mis des pignons »). Bien entendu, un repas de cet acabit ne s'avale pas sans commentaires obligatoires sur le camaïeu des amertumes, la dialectique du croquant-fondant, l'approche levi-straussienne du cru et du cuit.

Au moment du café, on mettra 10/10 à tous les plats, on prétextera une nounou maniaco-dépressive pour s'éclipser en courant et on finira la soirée dans un Flunch bourré de charme.

GEEK

À bout de nerd

Ne pas confondre le geek (prononcer *guick* et pas *guèque* qui fait nerd) et le nerd (prononcer *neurd* et pas *nairde* qui fait geek). Alors que le nerd prostré tripote convulsivement son joystick, le geek, jovial, mange des Doritos (goût *onion*) devant son écran plasma en savourant le dernier épisode de sa série Netflix préférée. Car le geek adore la technologie et les trucs secrets. Il soupçonne le FBI de ne pas nous avoir tout dit sur les attentats du 11 septembre, les ovnis et la double vie de Peter Parker.

À la différence du nerd, asocial et intelligent, qui se consume de l'intérieur, le geek est un crétin *open minded* et convivial doté d'un naturel plutôt optimiste (il sait pertinemment que Dark Vador meurt à la fin et que la fondation Bill Gates va sauver l'humanité). Pendant que le nerd commande des armes sur Internet pour mitrailler sa classe au prochain Halloween, le geek commande une pizza *double cheese* pour tous ses copains. Car le geek a peu de copines. Il a lu dans un *thread* secret sur un forum encore en béta que les filles sont des droïdes envoyés sur Terre pour se faire féconder, coloniser la planète avec des bébés et mettre l'humanité entière au régime sans sucre.

Grâce aux MMORPG[1], (prononcer MMORPG et pas MROPGM qui fait dyslexique), le geek connaît du monde partout : dans les bars de Second Life (où son avatar drague les cybergirls), au Moyen Âge (à la recherche du Graal), dans les cités du futur (qu'il nettoie au karcher à protons), dans les souterrains de l'Atlantide...

En vieillissant, le geek finira par intégrer la Station F où il développera, en mangeant des Oréo, un lapin électronique qui le rendra milliardaire (en actions Illiad). À moins qu'il ne devienne vendeur chez Darty.

GÉNÉRALISTE

Allopathie

On reconnaît le généraliste à sa veste en tweed raccommodée, à sa salle d'attente surchauffée et à ses *Paris Match* périmés pleins de germes. Toujours à la bourre, le généraliste fait semblant de vous reconnaître puis vous écoute distraitement décrire vos symptômes, d'une banalité à bâiller, tout en cherchant votre fiche dans son nouveau PC. Soyons honnête, s'il est en retard, ce n'est pas uniquement parce qu'il accepte quinze consultations de dix minutes par heure, c'est aussi

1. Jeu de rôle en ligne massivement multijoueur.

parce qu'en ce moment tout le monde a le même truc que vous. D'ailleurs, ça le démange beaucoup de vous imprimer tout de suite l'ordonnance préenregistrée dans son nouveau PC mais, même si ça le retarde, il vous fait quand même déshabiller, histoire de respecter le serment d'Hippocrate qui stipule, dans une clause trop peu connue, que tout patient qui a changé de slip en vue de sa visite médicale a le droit de le montrer.

Après une prise de tension de routine, quelques remarques sur la météo et une application de stéthoscope glacial dans le dos, il se lave les mains en haussant les sourcils, comme le lui a appris le Dr House, puis il met à jour votre fiche sur son nouveau PC.

– Alors, cette cirrhose, c'est stable?, demande-t-il en consultant votre dossier informatisé pendant que vous remballez votre slip neuf.

– Vous devez confondre... La dernière fois que je suis venu, c'était pour une otite...

– Vous n'êtes pas M. Firetti? J'ai pourtant tapé « F », il déconne encore ce truc!, s'énerve-t-il en tapotant de plus belle sur son nouveau PC, avant d'enchaîner avec la diatribe obligatoire contre la Sécu.

Car même s'il a « arraché » que la médecine générale soit considérée comme une spécialité, le généraliste, devenu « spécialiste en général », continue de se plaindre d'être payé, après huit ans d'études, « comme sa femme de ménage ». Un rapide calcul vous apprend que la femme de ménage du bon docteur doit donc se faire dans les 150 euros de l'heure (charges déduites). De quoi avoir envie de passer l'aspirateur. Mais pour faire diversion et élever le débat, en bon médecin référent qu'il est, il décide de vous donner bénévolement un conseil gratuit et sans ordonnance :

« Je vais vous confier un secret santé, monsieur Ferrero : évitez les aliments gras, salés et sucrés et faites de l'exercice. Et puis, ajoute-t-il avec un clin d'œil complice qui vous fait sentir tout de suite mieux, tenez, je vais aussi vous prescrire de l'Efferalgan et du sparadrap. Il faut en profiter, pendant que c'est encore remboursé. »

GUIDES TOURISTIQUES

Visite des lieux communs

Impossible de s'extasier en vacances sans un ouvrage expliquant où et pourquoi. Lequel acheter ? Nous avons choisi une bourgade test dont nous avons comparé le traitement dans quatre guides en vente libre.

> *Guide du Routard*

Planjuzol (07771) ☺ ☺ ☺

Petit bourg sympa de 197 habitants, perché en hauteur sur une éminence pépère. L'arrivée se fait par la D23, petite route sinueuse dans les virages. Dos tourné au transfo EDF, vue sympa sur la vallée de

Cujenac. En entrant dans Planjuzol, à droite du groupe de vieillards, vestiges anciens sympas de l'auberge qui servit d'étape à Hugues de Plessy, seigneur sanguinaire pas très cool.

Où dormir ? Où manger ? Où boire un verre ?

Pension de la mère Mugnard (C17 sur le plan). Charme à la bonne franquette. Allez-y de notre part et demandez la 17 avec vue sur le Crédit Agricole.

À voir - À faire

Éclusez un gorgeon, graillez un morcif, pissez un godet et piquez un roupillon (dans cet ordre).

Mon avis : guide sympa, complice, cool, indulgent, inutile.

> Guide Lonely Planet

De éviter dans le région : **Planjuzol** (07771)

Typique de le mourant village sinistre français (95 % de deuxièmes maisons avec fleurs dans le balcon) et inhabitants âgés. Accès route défonce, vue vallée avec nucléaire centrale et Auchan. En entrant Planjuzol, ruines auberge (visite chère et non intérêt).

Accomodations

Bed and breakfast de Mrs Mugnard. Sale, sentant, pas vegan et horrifique bilan carbone.

Voir ? Faire ?

Rien. Si vous êtes collés en attendant le bus (jeudi et samedi à 10.00 am) : école maternelle Marcel Amont. Rue piétonne et mobilier urbain (fin XXe).

Mon avis : guide mal traduit, éco-responsable, étranger.

> Guide « Autrement » de l'Ardèche

Planjuzol (07771)

Ensemble habitatif néo-ardéchois, singulier dans son vivre-ensemble postmoderne et sa résidentialité ruralo- urbanisante stigmatisante. Il existe un Planjuzol du possible, quasi surdéterminé, par la D23. Il en est un autre, oblique, qui refuse de se laisser atteindre autrement qu'à pied par le GR35.

Planjuzol autrement

Josiane Mugnard est la transversale maîtresse-femme d'une pension de famille anticonformiste à la dépaysante alacrité bourrue. Les pieds sur la terre où elle a vu le jour, Josiane est un archéo-sociotype aux ongles salis. Une légende de glaise et de sang.

Activités autrement

Profiter d'un jour de pluie pour relire *Démographie(s) de l'Ardèche,* Éditions du CNRS (1999), au Café des Sports.

Mon avis : guide transversal, radical, chic.

> Guide vert Michelin

Planjuzol (07771)

Carte Michelin n° 768, pli 6. Plan Michelin Ardèche au 1/15000.

Site Michelin http://www.viamichelin.fr/

Situé en Ardèche (voir *Guide bleu Michelin de l'Ardèche*), sur les contreforts pré-herciniens des adrets schisteux des monts du Lyonnais (voir *Guide violet Michelin de Rhône-Alpes*), Planjuzol est un bel exemple d'architecture pavillonnaire de la fin du XXe siècle (voir *Guide blanc Michelin du XXe siècle*).

Hôtel-Restaurant

Chez la mère Mugnard. (Voir *Guide Michelin rouge des Hôtels-Restaurants.*)

À visiter

*Les ruines de l'auberge – Place de la mairie. Ouv tlj sf l, m, m. Enfants : ☞ ☼ ♪, parents : ◈ %. Visite : ↔ ↕ et ∂ (sauf jours fériés : ♠ ⌘ ℗).

NB : En été, possibilité de ⌘ le matin et de ▼◀ sur l'audioguide.

Mon avis : guide complet, précis, vert, une valeur # ◀ ♪ □.

H COMME...

HARDEUSE

Couchée sous X

Qu'elle arrive en camion de Bratislava (fille de l'Est), en Corail de Montélimar (Cagolette de Provence AOC) ou par l'escalier de chez le voisin du dessus (Miss X amateur), la hardeuse est serviable et toujours partante. Ventre plat, talons hauts et string Promod, elle se donne sans compter car elle n'a pas la mémoire des grands nombres. Qu'elle reçoive un dépanneur à domicile, parte avec des amis à la cueillette de champignons contagieux en forêt de Meudon ou sympathise avec des gars des cités en survêts, la hardeuse est une brave fille qui ne demande qu'à faire son boulot du mieux possible dans la limite des orifices disponibles.

Signe d'ouverture à l'autre, elle accepte, sans contrôle au faciès, tout type de partenaire : grand black long à démarrer, petite beurette et son grand frère, notaire flaccide et menotté, Rocco de chez Ed... Psychologiquement, elle peut être d'une naïveté déconcertante ou d'une perversité sans limites. Dans le premier cas, elle avale tout ce qu'on lui dit, dans le second, elle fouette tout ce qui bouge (surtout si c'est poilu et à quatre pattes sur le carrelage). Quand elle devient riche et célèbre et qu'on l'interroge sur ses motivations, la hardeuse répond qu'elle fait ce boulot parce qu'il n'y a pas trop de texte à apprendre, que ça donne des joies simples à son public et qu'après tout, ses prestations sont moins obscènes que les films de guerre. Une étude récente lui donne raison, qui a démontré que le mateur de porno tire rarement un coup alors que l'amateur d'ultraviolence a tendance à passer à l'acte sur des inconnus qui attendent le bus. Avec ses jambes ouvertes et accueillantes, ses yeux tristes et ses râles de jouissance feinte, la hardeuse contribue à apaiser les corps solitaires et parle, en volumes mais surtout en creux, de la misère des âmes sans amour.

HIPSTER

Barbatruc

Attention à ne pas confondre le *hipster*, qui passe sa soirée à écouter Françoise Hardy en postant de faux polaroïds sur Instagram, avec le *clystère* qui est aussi une purge mais complètement démodée. On repère facilement le hipster aux terrasses des cafés

« Zagat rated » grâce à son vélo sans vitesses (qui est soit un fixie soit un singlespeed), ses lunettes Nana Mouskouri, ses cravates Elton John et ses vestes Yann Barthès. Le hipster consacre un gros mi-temps à mettre à jour son blog, son Tumblr et à jouer à Tetris sur sa gameboy vintage. Quand il a une heure, il travaille à parfaire son look no-look puis bossouille vaguement dans l'animation 3D en pâte à papier, la pub décalée ou l'organisation de concerts de groupes norvégiens indies mais iconiques. Le soir, après un barbecue vegan déniché dans le guide du Fooding, il joue de la musique fusion électro-smurf-biguine au synthé et termine la nuit avec son chat devant une série de HBO pas encore sous-titrée. J'ai deux ou trois hipsters dans mes relations (ne leur dites pas, ils se croient inclassables). Ils adorent à la fois l'esthétique Bernard Menez (les pulls à losange), la diction monocorde de Guy Debord dans *La Société du spectacle* et les films de zombies (métaphore ultime de l'homme über-moderne qui ne sait pas qu'il est déjà mort). Dès qu'il ne rentre plus dans ses jeans moulants et ses vestes cintrées, le hipster se fait effacer ses tatouages de marin et rejoint l'économie réelle en devenant web flic cool chez Facebook France ou vendeur tête-à-claques chez The Kooples.

HOROSCOPE

La science désastre

Pour savoir si ce petit dictionnaire va enfin rendre solvable mon éditeur, j'ai consulté mon libraire-conseil qui m'a aussitôt recommandé un horoscope annuel « crédible, sérieux et fiable ». Effectivement, l'homéotéleute de la page de garde *« 2018, Sapientis dominatis astris*[1] *»* annonce clairement la couleur : on n'est pas dans les pages astro de *Biba,* mais entre latinistes certifiés. Dans l'intro, au terme d'une « analepse » apologétique de ses prévisions de l'année précédente, l'autrice, qui sort visiblement d'hypokhâgne, rappelle un « apophtegme » qui illustre ce que sera « la géométrie du ciel » de l'année à venir :

« La roue tourne. »

Me voilà averti. Reste juste à découvrir dans quel sens.

Pour cela, il faut entrer dans le dur du texte (à cinquante pages environ du début) et arriver à la conclusion implacable : Jupiter est en Balance - signe cardinal et masculin ; il va donc favoriser la progression des signes d'air et de feu tout en se montrant très injuste envers les Béliers.

---

1. La citation correcte est *« Sapiens dominatur astris »* (l'homme sage domine les astres), à ne pas confondre avec son corollaire : *« Infinitus est numerus stultorum »* (le nombre des sots est infini).

Bon, d'accord, c'est un peu raide comme ça, mais comme je ne suis pas Bélier, je relativise la mauvaise nouvelle. Car pour les Taureaux dans mon genre (et nous sommes quand même 1/12 de la population mondiale), Jupiter reste un *« dispensateur de chance pure lorsqu'il est bien placé dans le ciel ».* Donc une année 2018 réussie ? Pas si vite car, mal garé dans mon ciel, il pourrait tout aussi bien générer des *« complications juridico-administratives ».* Serait-ce mon éditeur ?

Sentant monter l'angoisse, je me suis précipité, page 237, sur *« la cartographie sectorielle de [mon] ciel »* et c'est là que, comme prévu, les complications juridico-administratives ont effectivement commencé. Car les prévisions sont classées en trois « décans » : du 20 au 30 avril, du 30 avril au 10 mai, du 10 mai au 21 mai. Or je suis né le 30 avril. À quel décan appartiens-je ? Si je suis du premier, *« Pluton engendrera des opportunités »* alors que si je suis du deuxième, *« Saturne [me] rendra les choses visibles moins attrayantes ».* Comment donc savoir si j'aurai la niaque ou la cataracte ? Une seule solution : connaître mon ascendant. Heureusement, l'astrologue a tout prévu (c'est son boulot) : *« Au moment de votre naissance, les planètes occupaient une position particulière dans le ciel, formant entre elles des angles privilégiés appelés «Aspects planétaires ». Leur interprétation brossera votre portrait astrologique personnel, qui vous étonnera et vous enrichira. Découvrez votre thème astrologique personnalisé (26 euros). »*

Après mûres réflexions, j'ai décidé de rester dans les généralités gratuites : *« Taureau : Vous qui aimez bien votre tranquillité, vous aller devoir revoir certaines de vos certitudes »,* tout en me demandant comment elle avait deviné que j'avais revu, à la hausse, ma certitude qu'elle se fout de notre gueule.

HUMORISTE

Vous trouvez ça drôle ?

À la différence du comique qui cherche à faire marrer, l'humoriste cherche les ennuis. Au lieu de faire rire honnêtement avec des thèmes réputés rigolos et fédérateurs (les blondes au volant, les bègues, la drague au bureau...), l'humoriste jette le doute sur les vérités premières et déconne avec des sujets dont tout le monde sait qu'ils ne devraient pas être drôles.

Pour aggraver son cas, l'humoriste renâcle à s'engager et oublie même de s'indigner quand c'est obligatoire. Du coup, on finit par ne plus savoir où il est, ni d'où il cause puisqu'il refuse lâchement de trancher entre Emmanuel et Brigitte, Marine et Florian, Edouard et Philippe, Mac et PC... *« Je suis un artiste dégagé »* disait le pétochard Pierre Desproges pour justifier, par une pirouette satanique, sa trouille de choisir son camp.

L'humoriste d'aujourd'hui prétend, comme l'écrit P. Muray, que *« le rire ne peut atteindre que des gens en proie au doute ».* Aussi, se méfie-t-il de ceux qui savent, notamment ce qui est drôle. Et si l'on insiste pour le forcer à s'impliquer, il s'en sort par l'absurde, l'arme des couards qui préfèrent rester seuls et haïs de tous plutôt que d'avoir le courage d'être nombreux et applaudis.

Bien planqué derrière son anxieuse incertitude, l'humoriste fait donc semblant d'être drôle. Et si on le somme de se justifier à propos d'une plaisanterie, il répond que l'humour, comme une grenouille, meurt quand on essaie de le disséquer. Bref, il n'est pas prêt de recevoir le prix du livre Inter.

I COMME…

INCRUSTE

Personne à gratter

Paris, un cinéma des Champs-Élysées. Première mondiale d'une superproduction franco-française. Le gratin des comédiens tricolores *bankables* et le menu fretin culturo-médiatique se pressent sous le portique en toile. Ambiance électrique mais chic. Service d'ordre sur les dents. Le carton précise que les téléphones, appareils photo et sacs à main doivent être laissés au vestiaire. Même les jeunes créateurs se sont rasés de près. Tandis qu'on patiente devant le portique détecteur de kalachnikovs, un homme pressé, cheveux blancs et smoking, pendu à son téléphone, fait un signe de connivence aux vigiles et coupe la file sans se faire fouiller. Dans la queue, une fille est sûre d'avoir reconnu un producteur à succès, son copain lui dit que c'est le président de l'avance sur recettes. Un autre le verrait bien ambassadeur du Venezuela. Après la projection, cramponné au buffet libanais gratuit, je suis rejoint par un confrère paparazzi mais presque. On est en train d'échanger nos impressions sur le pensum cinématographique que l'on vient de nous infliger lorsque le coupeur de files de tout à l'heure s'approche et, hilare, salue mon camarade qui s'étrangle avec son taboulé :

– Pas possible ?! Tu as encore réussi à entrer ?

Le bellâtre sexagénaire bronzé me dévisage, méfiant. Je remarque une discrète décoration au revers de sa veste.

– Tu peux parler devant lui, c'est un genre de copain, le rassure mon cher confrère.

On s'éloigne (à regret) du buffet et je découvre l'incroyable vérité. Ce type est un pique-assiette de la dernière génération : un *intruder*. Son vice secret ? S'incruster dans les anniversaires mondains, les pince-fesses littéraires, les avant-premières, les vernissages, les soirées VIP[1]...

Comme je suis bon écouteur et que *l'intruder* est bon parleur, il m'explique en détail les choses de sa vie de parasite. Pas de frais, à part le pressing et les taxis. Une logistique limitée : il suffit de consulter les sites et les journaux spécialisés annonçant les « événements ». *« L'intruding est un sport de combat et doit le rester »*, tranche-t-il. Quand on le colle d'un peu trop près dans

1. Non, ce n'est pas Jean-Loup Chiflet.

une soirée, il laisse entendre qu'il a des fonctions qui exigent la plus extrême discrétion (chef de cabinet, DGSE, conseiller spécial...) et il donne un bristol en précisant : *« C'est ma carte perso car mon secrétariat filtre. Avec ça vous êtes sûr de me joindre si vous voulez m'inviter... »*

Depuis ma rencontre avec ce professionnel de l'incruste, je me suis documenté sur le phénomène. Ils ont des réseaux souterrains, des imprimeries clandestines de faux flyers et des réseaux sociaux en langage codé dont le but, abscons, mais avoué, est de « gatecrasher les private nights de la hype : dress-codes, passwords, débriefing des afters, planning des next[1] ». Ils auraient même un congrès annuel où aucun journaliste n'a jamais réussi à s'incruster.

INSTIT

Il s'est fait maître

Au fil des réformes trimestrielles de l'Éducation nationale, l'instit s'est successivement appelé « instituteur », « professeur des écoles », puis, plus récemment, « enculé de sa race ». N'ayant jamais trouvé la sortie de l'école, l'instit ne connaît de la vie que les classes surchauffées où flotte une odeur d'enfants propres, décorées de dessins gondolés à la gouache. Il n'a donc qu'une vague

1. Voir notamment : www.syndicatduhype.ning.com.

idée du monde du dehors qu'il n'entrevoit qu'à travers les fenêtres embuées de sa classe trop nombreuse et sait à peine qui est Ariana Grande. C'est d'ailleurs pourquoi la plupart des instits votent encore à gauche et sont rigoureusement incapables d'exécuter un dab. Autre signe d'indécrottable ringardise, l'instit s'échine à former les gamins au monde tel qu'il devrait être au lieu de les préparer à la concurrence libre et non faussée qui les attend à l'extérieur et au tournant. Pire, pour sauver des élèves turbulents de la délinquance – au nom de valeurs qui sentent l'ardoise rance, la craie humide et l'éponge moisie –, il gaspille l'argent public en pâte à modeler.

Sa légendaire paresse, qui lui est si souvent reprochée par les rentiers du CAC, ne résiste pourtant pas à une étude objective. Des sociologues ont récemment démontré que l'instit assure à lui tout seul, du haut de son petit bureau en bois, le boulot de 10 flics et de 20 parents divorcés. Sans oublier ses activités annexes d'enseignant, éducateur, animateur, psychologue, entraîneur, assistante sociale, tuteur, infirmière… S'il est vrai qu'il gagne en un mois ce que touche un footballeur en prenant sa douche, l'instit se rattrape avec ses vacances scandaleusement longues qui n'ont rien à envier à celles de nos animateurs télé. Et quand il travaille enfin, le gros de son activité consiste à commander les bouquins de l'École des Loisirs, à recompter ses gommettes et à préparer la prochaine classe nature (ce qui lui fera une semaine de vacances supplémentaire à la campagne). Dès qu'il en a marre de se faire bastonner par les parents d'élève ou qu'on mette le feu à sa voiture ou à son expo sur les rapaces, l'instit part en dépression carabinée dans une luxueuse maison de repos. À son retour, bourré de verveine, il annonce à son inspecteur d'Académie qu'il se sent de nouveau prêt à enseigner l'écriture et la poésie à des petits cons décérébrés (que n'importe qui de normal aurait envie d'étrangler au bout de dix minutes). C'est la preuve qu'il est loin d'être guéri et qu'il va bientôt repartir plomber les comptes de la Sécu.

Signe particulier : l'instit passe sa vie à chercher une rallonge. Il peut s'agir d'une rallonge électrique, pour projeter des diapos sur les volcans ou d'une rallonge budgétaire pour permettre à Mourad et Kimberly d'aller à la cantine avec leurs camarades. Quand je pense à ce que mes instits ont fait de moi, fils de prolo qui ne demandait qu'à travailler à la mine, j'ai des renvois de gratitude. C'est dire s'ils ont réussi leur travail de sape intellectuelle.

INSTITUT

Peau lisse secours

Voix genre speakerine d'Arte :

– Institut Sothys, bonjour...

Voix genre « j'assume pas » :

– Bonjour, c'est pour un rendez-vous…

– Pour vous ou pour une personne ?

– Pour moi…

– Vous êtes client chez nous ?

– Non, c'est un cadeau d'anniversaire de ma sœur, un coffret bien-être, elle trouve que…

– Le nom ?

– Fioretto.

– Celui du coffret…

– Escapade Cérémonie Homme.

– Prévoyez une matinée.

*

– Bonjour, j'ai rendez-vous à 10 heures…

– Qui vous remodèle d'habitude ?

– C'est la première fois, je ne…

– Ah, c'est vous le coffret… Léa ! Ta Cérémonie Homme est arrivée.

*

Léa, blouse blanche immaculée, parfum de salade de fruits :

– Vous désirez la « Paix des Sens » tout de suite ou prendre un thé d'abord ?

– Vous pouvez commencer, ça sera fait.

– Très bien. Je vais vous faire un enveloppement apaisant dans un principe actif exfoliant. Pendant que vous vous relaxez, je préparerai les ballotins.

– On mange ?

– Ah non, pas tout de suite. Vous aurez une collation légère mais plus tard. Ce que je vais faire tiédir, ce sont des ballotins parfumés baignés dans un granité d'épices et d'huiles essentielles.

*

La musique de Jean-Michel Jarre et la paix des sens aidant, je somnole. Quand j'émerge, Léa est en train de me massouiller le dos avec des coussinets. Je comprends que je dois beaucoup lui plaire pour qu'elle s'occupe si bien de moi.

– Vous avez beaucoup de clients masculins ?

– Plein ! me répond-elle en me tirant sur les bourrelets et en faisant rouler mes tissus adipeux, des sportifs de haut niveau, des top modèls, des danseurs… Les gens qui ont un corps parfait, ils en prennent soin.

*

Léa est maintenant penchée sur moi. Elle applique sur mon visage une décolleuse à papier peint qui crache une vapeur mentholée.

– Je vous ouvre bien les pores, je fais pénétrer le détoxifiant et ensuite je vous passerai la desquameuse, m'explique-t-elle en me désignant une perceuse terminée par un coton rotatif.

– Ça pique un peu...

– C'est normal, ça stimule le derme. Ouh là là, si vous voyiez ce que j'enlève comme cellules mortes ! Et vos ailes du nez, elles sont vraiment dég... enfin, très engorgées. Y'a même des pointes blanches.

– Des pointes blanches ?

– C'est normal. C'est le sébum qui macère. Avec l'air de Paris, les crèmes de jour, le tabac... Vous passez quoi comme tonic, le soir ?

*

Je suis sorti le teint rose, les ailes du nez vidangées et les bras chargés d'échantillons gratuits. Quant aux pointes blanches, depuis que je sais qu'il faut appliquer le fluide réparateur *après* le sérum reconstituant mais *avant* le baume tenseur, elles n'ont plus jamais osé la ramener.

J COMME...

JEUX VIDÉO

Je tue il

Au courrier, une enveloppe à bulles. À l'intérieur, un DVD et un dossier de presse commençant par ces mots lourds de sens pour qui les comprenait : « Enfin dispo : Black Sabath of the Grääl Quest, MMORPG à 50 niveaux (quêtes annexes non linéaires). Addon : Horror Island ». J'allais tout balancer à la poubelle lorsque mon copain Keyan arrêta mon bras au dessus du vide.

– Hein !? Mais c'est la démo du dernier RPG des créateurs de *Quest Alliance of the Black World !*

– Et ? répondis-je.

– C'est un Massively Multiplayer Online Role Playing Game (MMORPG) en béta test, concurrent direct de *World of Warcraft VII* et de *Kingdom of Middle-Earth on line* !

– *What the fuck!*, abdiquai-je, à court d'arguments.

– Essaie, tu vas devenir accro, m'a prédit Keyan.

Une fois le DVD introduit dans l'ordinateur, je fus flatté de découvrir que l'on comptait sur moi dans les plus hautes sphères : *« Le Maître a besoin d'âmes pour ouvrir le portail d'Ernaw – loué soit Son Nom Très Haut – sinon il enverra les Hordes des Abysses sur l'île de Takavoär. (Press enter to continue) ».*

Mon copain me résuma la situation : il s'agissait d'aller flinguer des elfes, de leur piquer leurs âmes et de les refiler au Maître (qui avait une assez jolie voix de basse). Pour ce faire, on pouvait choisir soi-même son *character* (sic) : fléau d'ombre, rôdeur de vortex, sentinelle de lumière, guerrier de barbarie... Moi j'ai pris « Alchimiste des forêts » à cause de la tenue grunge et de la barbe de 130 ans. Au départ, forcément, je me suis mélangé les pouvoirs face aux monstres et je me suis pris des éternités de prison dans les gencives. Mais, peu à peu, j'ai gagné des « compétences » et fallait pas me chercher très longtemps avant que je balance un sort fatal par simple pression sur « ctrl alt suppr majuscule @% ». En trois jours, ma réputation était faite et ça buzzait de partout : « Gaffe à l'alchimiste, il est agro et ça va linker ! » se disaient les autres joueurs en m'évitant. Au bout d'une semaine, j'étais devenu un hardcoregamer (10 heures/jour) avec carte de fidélité chez tous les livreurs de pizza du quartier. Une nuit où je tentais d'ouvrir une Porte du Temps, je reçus un avertissement solennel du Gouverneur du Royaume : « *Messire Alchimiste, vous avez atteint le quorum des âmes. Click on this link to order full version by paypal* ». Submergé par la haine pure, je me suis déconnecté et j'ai laissé les glands payants s'amuser entre eux.

Mais si je croise le Maître, je lui réclame les 100 000 âmes qu'il me doit.

JOGGEUR

Run baby run

« À quoi pensent les joggeurs du dimanche ? Veulent-ils s'alléger de leur poids ? Ou ne font-ils que compter, compter leurs pas ? », se demande Miossec dans une chanson que j'aurais pu miauler moi-même tant elle rejoint une de mes interrogations récurrentes. Car moi qui ne pratique, comme sport de plein air, que le Wifi au parc Monceau, je me suis souvent posé la question en les regardant passer devant mon banc avec leurs baskets à coussin d'air, leurs brassards compte-pulsations et leur goutte de sueur au bout du nez.

Pour en avoir le cœur net, j'ai déterré mes fringues de gym et j'ai entamé une série de boucles en essayant de me concentrer sur les pensées qui m'habitaient. J'ai d'abord constaté qu'au lieu de sentir la Soupline comme tous ceux et celles qui me doublaient, je déplaçais avec moi une odeur de naphtaline et de moisi (la faute à mon survêt Adidas de l'armée que je n'avais pas aéré depuis 25 ans). Après, j'ai senti comme une gêne au niveau des poumons avant de réaliser que c'était probablement ce qu'on appelle de l'essoufflement puis une douleur aiguë à la hauteur présumée du foie (mon premier point de côté depuis l'épreuve de gym au bac).

Ensuite, tandis que je maudissais intérieurement tous ces connards qui me doublaient pour m'humilier (surtout les gros et les vieilles dames), j'ai fini peu à peu par trouver mon rythme et mon second souffle. À mon troisième passage devant la guérite du gardien, j'avais dépassé la douleur et, sans doute sous l'effet du shoot de sérotonine que mon cerveau s'était mis à sécréter, mes pensées se sont soudain fluidifiées et se sont enchaînées sans logique apparente : *ah ça ils n'en savent rien ni moi non plus et voilà tout ils pourraient aussi bien essayer d'empêcher que le soleil se lève demain matin c'est pour vous que le soleil brille comme il me disait le jour où nous étions couchés dans les rhododendrons à la pointe de Howth avec son complet de tweed gris et son chapeau de paille le jour que je l'ai amené à me parler mariage oui d'abord je lui ai passé un morceau de gâteau au cumin que j'avais dans la bouche et c'était une année bissextile comme cette fois-ci oui il y a 16 ans de ça mon Dieu après ce long baiser j'en avais presque perdu le souffle oui il a dit que j'étais une fleur de la montagne oui c'est bien ça que nous sommes des fleurs tout le corps d'une femme oui pour une seule fois il a dit quelque chose de vrai et c'est pour vous que le soleil brille aujourd'hui…*

C'est comme ça que j'ai découvert que Joyce devait forcément faire du jogging.

K COMME...

KARAOKÉ

Si je chante, c'est pour toi[1]

J'aime flâner sur les grands boulevards. Y a tant de choses, tant de choses, tant de choses à voir. Notamment des bars-restaurants qui font karaoké.

Georgine a 35 ans, elle est attachée parlementaire. C'est une blonde En Marche, habillée un peu genre fille Le Pen, mais gentille et elle m'invite régulièrement, via Facebook, à ses soirées d'anciens de Sciences Po (avec foulard dans la chemise).

Un soir, j'y suis allé. Au menu : vin rouge au tonneau et pierrade conviviale. Entre deux toasts « à la santé du sénateur... », les convives se plongeaient avec concentration dans d'énormes classeurs puis remplissaient une fiche. J'ai vite compris ce qui se préparait : soirée karaoké avec sono 2 000 W et boule

1. Et aussi pour toi, et pour toi là-bas au fond.

au plafond. Impossible de fuir discrètement avant le dessert sans renverser une ou deux tables.

Quand ce fut mon tour de remplir le formulaire d'inscription, j'écrivis *Woman in love* de Barbara Streisand et signai Georgine avant de passer le toutim à mon voisin soûl.

À minuit du soir, la grosse boule s'illumina et une animatrice asiatique vint chauffer la salle avec un premier titre fédérateur : *Non, rien de rien, non je ne regrette rien* de la Môme Cotillard. Derrière elle, un écran géant déroulait un clip minable et sans aucun rapport, où des figurantes en robe fluo jouaient de l'accordéon aux Puces de Clignancourt. Des moniteurs vidéo, avec sous-titres en violet, permettaient à tout le monde de suivre le massacre en *live*.

Sous les applaudissements, la charmante hôtesse appela ensuite au micro une certaine Magali qui avait choisi de se défouler sur l'inévitable *Alexandrie, Alexandra*. Vu la précision de la chorégraphie, on devinait les longues heures de répétition. Comme on était entre gens éduqués (minimum MBA à Yale), un trentenaire en mocassins à glands dénoua sa cravate et chanta en anglais des affaires : *I want to break free* de Queen avec la même énergie que s'il présentait un *Powerpoint* annonçant le outsourcing de la compta. Le groove monta d'un cran. La boule tournoyait, les aisselles s'auréolaient, les yeux brillaient, les brushings s'affaissaient et mon voisin ronflait. Toutefois, ce n'est que plus tard qu'on atteignit le paroxysme du lamentable avec mon pathétique talk over sur *T'es Ok, T'es bath* d'Ottawan, à l'issue duquel je jugeai prudent d'aller me coucher. Le lendemain matin, je reçus un email de Georgine : « Je sais que c'est toi qui m'as inscrite pour *Woman in love*. Appelle-moi quand tu veux... ;-) » Preuve qu'elle ne sait pas que je ne couche jamais le deuxième soir et qu'elle n'est pas rancunière. Alors que moi, si je tenais le salaud qui m'a inscrit pour Ottawan...

KHMERS VERTS

Ras l'front de mer

Difficile de ne pas être écolo alors que le niveau de la mer et le prix du gaz montent sans arrêt. Mais restons vigilants. D'aucuns voudraient transformer notre combat légitime pour isoler les combles en fascisme olivâtre. Car il y a écolos et écolos. Les uns se battent pour des espaces verts de qualité où installer des piscines écocertifiées, les autres, les intégristes, prétendent que l'homme est un mammifère qui a 98 % de son génome en commun avec le chimpanzé (oubliant au passage que les singes ne savent ni peindre la Chapelle Sixtine, ni fabriquer des missiles). Les écolo-responsables savent que *l'homo faber* occidental est au centre du monde, maître et propriétaire de la Nature qui a été faite pour lui et qu'il améliore dès qu'il a deux minutes ; les Khmers verts insinuent que *l'homo sapiens* n'est qu'une composante de la Création parmi d'autres et pas la plus évoluée si l'on en juge par les livres de Claude Allègre et les émissions d'Hanouna. Ce faisant, les green-nazis ravalent l'homme au rang des amibes et des aborigènes[1].

Pour l'écolo-raisonnable, le tri sélectif améliore le confort de l'unité d'habitation et crée des emplois non délocalisables ; pour le réac-verdâtre, il faudrait conserver tout ce qui n'a pas encore été détruit sur Terre : flore, faune, source d'eau potable (ce qui n'est pas sans évoquer les heures les plus sombres du wagnérisme). Les plus extrêmes souhaitent même carrément revenir en arrière et nettoyer tout ce qu'on a sali !

Enfin, alors que l'écolo-rationnel et démocrate croit en un Homme Raisonnable (qui a largement fait ses preuves) et au Progrès Perpétuel, le Khmer vert nous trouve vulgaires comme une Rolex, moches comme un quad, bêtes à manger des pesticides et méchants à tuer nos semblables. Et il voudrait qu'on l'aime ! Ce qui prouve bien qu'on a beau se croire issu de la Nature, on n'en est pas moins homme.

1. Qui vivent nus et n'ont toujours pas inventé le wifi !

L COMME…

LIVRE (FOIRE DU)

Un foie gros comme ça

9 h 30, gare d'Austerlitz. Le train pour Brive attend les heureux élus qui participent, cette année encore, à la plus grande foire aux vanités et à la littérature de France. Comme ce sont les éditeurs qui payent tout (dans les 400 euros le voyage), ne sont invités que les auteurs présentables. Autant dire que j'ai ciré mes Adidas et peigné mes implants. En attendant le départ, nous nous occupons les mains devant le buffet du petit déjeuner installé sur le quai.

– C'est pas André Rieu, là-bas ?

– Mais non, c'est Jean-Michel Ribes.

Peu après 10 heures, le « train du cholestérol », comme le surnomme la profession depuis 15 ans avec un comique de répétition qui force l'admiration, s'ébranle dans un cliquetis de verres en Duralex et de couverts en inox tandis qu'une assiette de charcuterie atterrit sur les nappes blanches. Jean-Michel Ribes demande à être dans le sens de la marche.

Voilà qu'un académicien pétillant déboule, euphorique et bronzé. Le genre de vieux monsieur, fatigué de paraître, qui serre distraitement les mains de ses confrères et pose des questions aux *nobodys* dans mon genre.

– Ah, c'est vous, n'est-ce pas? Vous ne m'avez pas raté. J'ai beaucoup ri, mais je ne vous promets pas de me corriger. Vous avez déjà lu la correspondance entre Mgr de Boisgellin et Isabelle la Catholique... ? Ça vous plairait sûrement, c'est une arlequinade d'une drôlerie...

Je fais tourner mon béret entre mes mains gourdes tout en cherchant dans mes fiches toutes prêtes un truc spirituel à répondre. Mais l'homme de lettres a déjà disparu et le déjeuner est servi.

À onze heures, le convoi file incognito à travers une France tellement profonde qu'on se croirait dans une affiche électorale des années 70. Le bourgogne aidant, jusque-là tout va bien...

Sur les plateformes entre wagons où les gros cigares sont sortis, ça balance pas mal: untel a raté sa rentrée (« Je lui avais pourtant dit de virer 300 pages de son pavé »), une autre s'est fait retirer. De la vente? Non, du cou. Un éditeur s'enquiert auprès de Mylène Demongeot: « Alors, Fantômas, il est comment en vrai ? » Jean-Michel Ribes est formel : il descend de Léonard de Vinci.

Goncourables déçus, civets de canard, Renaudot trahis, pommes sarladaises, attachées de presse en burn out, omelettes aux cèpes, caprices d'auteurs, fromages affinés, menaces de l'e-book, café renversé, à-valoir renégociés, vieille prune AOC... Tout se mélange dans un brouhaha et une torpeur à demi consciente d'elle-même. Jean-Michel Ribes reprend du cabécou pour finir son pain.

On débarque à Brive-la-Gaillarde, l'haleine chargée, le pas hésitant et les joues rouges. Sous l'effet des nourritures terrestres, même l'autrice déglinguée venue défendre le dernier tome de sa saga à base de Subutex a la bonne mine de Loana aux sports d'hiver.

Et c'est parti pour trois jours de dédicace non-stop. Habitué à moins signer que Mimi Mathy, j'ai apporté du courrier à faire et, comme j'ai la chance d'avoir un public très respectueux, personne ne me dérange (à part quelques vieilles dames aimables qui veulent savoir où signe François Hollande).

D'ailleurs, le voilà qui arrive dans une cohue digne d'un salon agricole à l'heure de l'apéro. On lui tend des enfants[1], on lui offre des saucissons, on l'encourage (« on compte sur vous pour la mairie de Tulle ! »). Chaque pas

1. D'après Stéphane Le Foll, il guérirait les érythèmes du nourrisson.

est un but. Et réciproquement. Dans son coin, Jean-Michel Ribes cherche son nom dans le programme officiel.

Le soir, après la poularde au foie gras, le foie gras poêlé au foie gras et le sorbet au foie gras, tout Saint-Germain-des-Prés se retrouve au Cardinal, petite boîte de nuit du centre-ville, célèbre pour sa programmation musicale délicieusement provinciale. En l'absence de Marc Lévy et Guillaume Musso, c'est Beigbeder et Benchetrit qui assurent l'inévitable rixe de début de soirée. Quant à l'after, il est proposé par un Germanopratin confirmé : « On baise à douze au ***, qui vient ? »

Côté habitués, on rentre à Paris le dimanche matin sans attendre le « train du potage » du dimanche soir. « Y a que les glands et les losers qui signent le dimanche. Tous les médias sont bouclés », assure une directrice de collection qui s'y connaît.

Sur le stand des éditions Télémaque, Jean-Michel Ribes recompte une nouvelle fois ses ouvrages.

LOVE STORE

Sexe à pile

Récemment invité, en tant que vieux dégarni mais tellement drôle, à une soirée pour trentenaires branchés et désinhibés, j'ai pris plein de notes sur la nouvelle sexualité. Rendez-vous était donné dans un love store parisien recommandé par tous les guides conso-fashion. Première déception, à la différence des sex-shops de ma jeunesse (avec le rideau en velours poisseux qu'on tirait vite derrière soi au cas où tatie Mauricette passerait par là), le love store en question était éclairé comme une boutique Afflelou et doté d'immenses vitrines débordant d'objets colorés aux lignes aussi design que des cafetières Bodum. Conséquence immédiate : au lieu de retrouver la sourde excitation des endroits interdits de ma jeunesse, je fus aussitôt saisi par l'ennui discret qui submerge quiconque doit trouver un cadeau pour sa nièce chez Nature & Découverte. Autre différence notable avec les bons vieux sex-shops d'antan : la clientèle. Ici, pas de satire en imper mastic au bord de l'apoplexie, ni de travailleurs immigrés trompant leur solitude mais de jeunes urbains et urbaines en afterwork, devisant tranquillement devant des présentoirs d'accessoires en inox étincelant et en cuir clouté pleine peau. A l'entrée, une hôtesse genre « ouh ! la coquine » distribuait des coupes de champagne au gingembre. En fait de champagne, il s'agissait d'un « pétillant du Languedoc » et en fait de gingembre, ce devait être du Valium 500 car je ressentis aussitôt une soudaine envie de bâiller. On élisait ce soir-là « Miss point G ». En attendant la proclamation des résultats, on me proposa de faire le tour des rayons et je découvris avec effarement toutes mes lacunes en anatomie uro-génitale. D'autant qu'autour de moi tout le monde parlait de cette ferblanterie (certifiée *deutsch Qualität*) d'un air dégagé et comme si chacun l'avait testée personnellement. Moi qui croyais avoir tout vu et tout connu pendant les camps de scouts du père

Philippe, je me sentis soudain horriblement XXᵉ siècle. De mon temps, le sexe était mystérieux, transgressif à l'occasion, et terriblement troublant. C'était avant que le marketing et les designers ne s'en emparent pour en faire un produit de consommation de plus.

LOW COST

Vol en bande organisée

Paris est désert et votre bar préféré fermé jusqu'au 31 août ? Pourquoi ne pas vous offrir un vrai espresso, *stretto ma non troppo*, à une terrasse romaine ? D'autant que le billet est en promo à 8,79 € sur ryanair.com. Au diable votre bilan carbone, vous demanderez un café équitable pour vous racheter. Un vendredi soir, au crépuscule, vous attendez donc la navette Ryanair qui doit vous emmener à l'aéroport international de Beauvais. Il y a là des Italiens qui viennent de larguer leurs fiancées parisiennes (jolies mais trop compliquées), des Japonais en décompensation européenne et un groupe de musiciens péruviens en ponchos délavés... Le bus étant plein, vous voyagez d'ailleurs comme dans les Andes, vos bagages sur les genoux. À ce prix-là (15 euros de navette pour rejoindre un vol presque donné), personne ne proteste. En chemin, vous potassez la doc sur l'art mental de Carolyn Christov-Barkagiev car, pur coup de bol et alibi culturel en béton, elle fait justement une expo en ce moment à la villa Médicis.

À l'aéroport, inutile de se presser pour réclamer un hublot, le placement est libre. Vous laissez donc les Japonais débutants faire la queue tout en plongeant dans le chapitre décisif sur « la problématique esthétique de l'installation anti-éphémère dans l'art mental ». Soudain, des cris stridents interrompent votre sieste. À l'enregistrement, une hôtesse vient de grimper sur un tabouret :

– Le vol de Roma Ciampino est cancelé car le avion n'est pas available right now, annonce-t-elle d'une voix où se devine l'habitude lasse.

Vous laissez les étrangers se faire refouler docilement tout en révisant ce que vous avez appris par cœur dans le hors série de « Que Choisir ? » sur les droits du passager bafoué. Parvenu face à l'employée Ryanair, vous lui demandez, dans un anglais de chauffeur de taxi la solution prévue par la compagnie.

– Il y avez 2 options, vous répond la fille dans un français de Bratislava. Un flight Beauvais-Milan dans une heure ou remboursement sous 15 jours du vol présent.

– Et la navette à 15 euros, elle est remboursée ? Et le « cheap hôtel », réservé par Ryanair à Rome ? Et les heures passées à se farcir tout le catalogue sur l'art mental anti-éphémère de Carolyn Christov-Barkagiev ?

Là, vous sentez que vous êtes dans un domaine (pas l'art mental, mais les vols annulés) où elle assure beaucoup plus que vous car elle dégaine aussitôt son arme de dispersion massive des emmerdeurs : un papier rose pâle.

– Tout est expliqué là inclus, dans les conditions générales de vente que vous check quand vous ordonniez le billet électronique…

C'était donc ça la petite croix des conditions particulières que vous avez cochée d'un coup de souris euphorique !

Une heure plus tard, vous patientez en écoutant *Chante France* dans la navette qui rentre à Paris. Entre deux chansons de Goldman, une voix de chauffeur épuisé vous informe que le bus ne partira que quand il sera plein. Sous la pâle lueur de votre veilleuse, vous essayez de vérifier si cela aussi fait partie des « conditions de vente ».

Enfin, sous les étoiles scintillantes, l'autobus berce les têtes des dormeurs qui rentrent à Paris. L'un des Péruviens gratouille une mélodie mélancolique. Il est bientôt rejoint par une flûte de pan et un tambourin. Quand le gros moustachu de la bande dégaine son tambour, vous n'entendez plus Johnny à la radio et les Japonais tapent des mains. Vous arrivez porte Maillot dans une ambiance « Los Revoltados » en concert. En attendant votre taxi, vous regardez les musiciens s'installer devant une bouche de métro fermée. Ils patienteront sans doute jusqu'au matin avant de retrouver les couloirs de la ligne 12 à Montparnasse. Aux dernières nouvelles, ils y sont encore.

LUMINOTHÉRAPIE

Une grande lumière lumineuse

En rentrant chez moi, j'ai trouvé un message de mon rédac'chef. Il avait un ton bien trop enjoué pour que ça ne cache pas quelque chose. D'habitude, entre septembre et juin, il est morose et agressif. J'ai décidé d'aller voir sur place ce qu'il mijotait. J'ai mis une chemise propre au cas où il faudrait aller direct aux prud'hommes. Dans les couloirs, j'ai croisé la secrétaire de rédaction. Elle a eu l'air inexplicablement emmerdée. Elle a balbutié, en regardant ses ballerines Naf-Naf : « Je préfère te prévenir, il est... différent... en ce moment. » Troublé, j'ai pénétré dans la salle de bouclage.

Et c'est là que j'ai vu la Lumière.

Elle irradiait du bureau du rédac'chef. C'était comme une porte ouverte sur la quatrième dimension. Une lueur à peine soutenable en provenance directe de la Twilight Zone. Je n'ai pas résisté très longtemps à l'éclat surnaturel. J'ai fermé les yeux. Et j'ai entendu La Voix.

– Ah, t'es là ? Cool, c'est sensas, parce que c'est vraiment chouette ! Tu vas bien ?

J'ai entrouvert les paupières et je l'ai vu devant moi : il avait une mine splendide, une chemisette hawaïenne d'Antoine et des Ray-ban à monture violette. Il grignotait une carotte.

– C'est quoi cet engin qui s'est posé dans ton bureau? ai-je réussi à articuler en lui montrant la surface oblongue infiniment lumineuse.

Il est parti d'un grand éclat de rire chevalin en me tendant une carotte.

– Ça? Mais c'est ma lampe de luminothérapie, vieux! Tu sais, l'hiver on a tous des idées noires pas super sympa-cools. C'est à cause du manque de lumière. Les Danois, par exemple, qui sont dans le noir toute la sainte journée, ils se suicident collectivement. C'est pas trop fun!

– Tu y crois, toi, à la dépression traitée par la lumière? ai-je demandé en jetant discrètement ma carotte.

– Et comment! Depuis que je passe mes journées à fixer la lumière, je me sens hyper reposé. Je fourmille de projets de nouvelle formule et j'en profite pour me débarrasser d'un tas de vieilleries et d'emmerdeurs qui encombrent ma vie.

– À propos, tu m'as appelé tout à l'heure…

– Ah, oui, ça me revient… Reprends une carotte, c'est des légères. Détends-toi, regarde attentivement la lumière et réponds sans réfléchir: est-ce que tu es syndiqué?

M COMME...

MÉTROMOUTON

To buy, I bought, bought

Même à l'heure de pointe dans le métro, un jour de service minimum, on repère facilement le métromouton grâce au tas de magazines qui dépassent de sa besace. Chacun de ces guides pour « urbain actif », rédigé par des renifleurs de tendances (et d'autres choses à l'occasion) est bourré à ras la maquette de bons plans shopping, fooding, moding, voyaging, draguing...

Dès qu'un de ces « mags » de zurbains nomades annonce l'ouverture du nouveau concept store à la mode, le métromouton va aussitôt faire la queue sur le trottoir devant la boutique. Les files d'attente attirant d'autres ovins des villes qui broutaient par-là, l'attroupement finit par se voir et le buzz enfle sur Twitter, ce qui confirme au métromouton qu'il est en train de vivre un truc fort.

À part faire la queue, le métromouton adore aussi les infos confidentielles. Dans sa rame, il sait avant tout le monde que le nouvel iPad existera en gris perle et ne rate jamais le *must* du jour (ce qui lui permet de réviser quotidiennement ses verbes irréguliers) : must buy, must drink, must go, must think, must say... Pour voir de près des troupeaux entiers de métromoutons, il suffit de récupérer l'adresse du dernier *lieu* recommandé. L'endroit, qui sera désert et oublié dans 3 mois, déborde de clients persuadés d'avoir déniché *l'Adresse ultrasecrète*. À l'intérieur, dans la pénombre éclairée à la bougie de table, tout le monde se dévisage en se demandant à quelle heure arrive Arielle Dombasle[1].

MÉTROSEXUEL

Ne le laisse pas tomber, il est si fragile

Le métrosexuel est un gars des villes, comme vous et moi, mais avec un sac à main. Tordons d'abord le cou à un malentendu : le métrosexuel n'a rien d'une honteuse. Hétéro confirmé, bi à l'occasion, il préfère coucher avec des femmes (à qui il peut emprunter leur blush) plutôt que d'aller au sauna ou à la biennale des antiquaires entre copains (même TBM). À la rigueur, il pourra accepter une séance de photos à poil, mais

1. Finalement, elle n'est pas venue et il n'y avait personne dans le carré VIP à part Cyprina de Koh-Lanta 7 et moi.

uniquement si c'est pour un calendrier en noir et blanc et si le lissage de peau matifiant est offert par la prod.

Exact contraire du VRP fripé qui a des points noirs sur le nez, des poils dans les oreilles et une paire de chaussettes en Nylon pour la semaine, le métrosexuel possède un vanity-case qui n'a rien à envier à celui qu'aurait Miss France si celle-ci était un homme[1] : gel de rasage au placenta, shampoing à l'ADN de cheval, gel douche aux phéromones de Brad Pitt, sans oublier quelques alicaments pour la route : ampoules de cranberry (anti-radicaux libres), yaourts aux probiotiques, pizza slim aux fibres et bière ultralight. Grâce à tout ça, le métro ne sent jamais l'Axe pour homme mais il embaume le jus de framboise fraîchement pressé. Pas étonnant que les enfants aient envie de le croquer, les femmes de le lécher et les guêpes de le piquer.

On évitera soigneusement de faire du shopping avec un copain métrosexuel car c'est encore plus long et pénible qu'avec une copine dépressive pendant les soldes. Inutile d'espérer une virée rapide à La Halle aux Fringues, le métro ne fréquente que les concept stores recommandés par *GQ* ou *L'Optimum* à la recherche de fringues et d'accessoires (brillant à narines et bracelet de cheville) qui feront la différence au bureau et sous les douches du Fitness Club.

---

1. Ce que la très sexiste Geneviève de Fontenay a toujours refusé.

Car le métro prend soin de son corps. Pas question de laisser fondre ses tablettes de chocolat toujours impeccablement épilées, ni de ronger ses ongles soigneusement manucurés. Refusez catégoriquement de l'accompagner à sa salle de gym sous peine de vous faire humilier par une troupe de types ultramotivés, gaulés comme Beckham et Michalak réunis et extraplats du bide. Personnellement, c'est depuis une expérience de ce genre que je ne mets plus que des maillots de bain une pièce.

Ce qui nous venge, nous les hommes dégarnis qui transpirons des bourrelets, c'est que le métrosexuel a généralement une vie affective du genre foireuse. Ses copines devenant vite jalouses de l'amour qu'il se porte à lui-même, il doit souvent se contenter du *air love* (équivalent libidinal de la *air guitare*). Du coup, il a beau s'être fait remonter les gonades par un chirurgien spécialisé, il a l'air vraiment con, tout seul devant son porno du samedi. Même en slip Dolce & Gabbana.

N COMME...

NÉO-MODERNE

Vivement hier !

Villes nouvelles, nouveau roman, nouvelle droite, nouveaux philosophes, nouvelle cuisine, nouvelle Twingo... il suffit d'être né au XXe siècle pour savoir ce que devient la modernité : du vieux qui craint.

Distrait par les nouvelles applis de son iPhone, le néomoderne n'est pas au courant et il continue de se précipiter avec gourmandise sur tout ce qui ressemble à de la nouveauté. C'est pour lui que les yaourts sont toujours plus onctueux, les écrans plus plats, les débits plus hauts et les heures plus supplémentaires ...

Devant les désastres nés de la modernité d'hier, faut-il en vouloir au néo-moderne de croire encore et toujours au Progrès ? Faut-il le jeter avec l'eau du bain aux nitrates ? Lui faire bouffer les surplus agricoles ? L'envoyer dans le tiers et le quart monde constater les dégâts collatéraux de la croissance du PIB ?

Incorrigible optimiste, le néo-moderne a la patate transgénique au beau fixe. Il veut que ça croisse, que ça multiplie et qu'on arrive encore plus vite dans ce futur où tout ira de mieux en mieux. A-t-il vraiment raison d'avoir confiance en l'avenir ? C'est le passé qui nous le dira.

NOIR COMME COULEUR

Black is black

Carton manuscrit et numéroté de 1 à 270. Le texte (noir sur noir façon Malevitch repeint par Soulages) prévient :

« Nouvelle collection After Dark.

Massimo G[1] réinvente le noir »

Sans lire *Vogue Homme* toutes les semaines, on a évidemment déjà entendu parler du « créateur » (on ne dit plus *couturier*, ça fait mec qui coud). On sait qu'il ne faut pas s'attendre à une soirée « soldissimo chez Pantashop » et que, si l'on craque sur une paire de chaussettes, on ne pourra la payer qu'en trois mensualités. On décide d'y aller quand même pour voir si ce ne serait pas le genre d'endroit où Florent Pagny déniche ses futals en serpent, ceux qui couinent quand

1. Je ne suis pas fou, j'ai changé son nom. Je tiens à être réinvité aux soldes privées.

il s'assoit. Évidemment, on s'habille en conséquence. Comme on n'a pas les moyens de porter du Galliano, on adopte le look Bohringer rentrant du Franprix de la rue du Cherche-Midi. Pour « l'hair cut » (on ne dit plus *coiffure*, ça fait coiffeur), on déstructure ce qu'il reste de cheveux au gel effet carton.

Devant le concept shop (on ne dit plus *boutique*, ça fait épicier), un tas de gens attendent à même le trottoir, impatients de découvrir ce que Massimo G nous a inventé comme noir cette année. Même Mlle Agnès, l'indémodable chroniqueuse fashion des années 80 sur Canal, fait la queue comme tout le monde. À l'entrée, un type sorti de *Matrix* vérifie les *flyers* (on ne dit plus *carton*, ça fait filtre à chichons). Un autre distribue des lunettes : verres épais, œillères sur les côtés. À première vue, il s'agit d'une monture pour soudeur qui escalade un glacier avec le soleil dans les yeux. On commande un whisky à l'*open bar* (on ne dit plus *buffet*, ça fait vin d'honneur à la mairie), on vide quelques verrines au saumon et on décide de jeter un coup d'œil au *showroom* (on ne dit plus *salle d'expo*, ça fait médiathèque de Bobigny) à l'entrée duquel une inscription en néons avertit : « Mettez vos lunettes. » On pousse le rideau et on est aveuglé par une insoutenable lumière. Une douzaine de projecteurs, dans les 40 000 watts chacun, éclairent à blanc des vitrines où pendent des vestes, des chemises et des accessoires, tous indubitablement noirs. Surpris par la violente lueur, on fait un saut en arrière, atterrissant sur les Louboutin en leasing de Mlle Agnès qui émet un cri d'extase. On chausse à tâtons ses lunettes de soudure et on découvre le *concept* (on ne dit plus le *topo*, ça fait film avec Lino Ventura) dans le dossier de presse : *« Massimo G met le noir en lumière. »* Avec un sens de l'à-propos incroyable, on pense à Henry Ford qui écrivit un jour : *« Les gens peuvent avoir la Ford T dans n'importe quelle couleur. À condition qu'elle soit noire. »* Avant de sortir, on laisse un mot dans le livre d'or : « Massimo G, vieille tique suceuse, tu m'as tout pompé. » On signe Karl Lagerfeld en espérant qu'ils vont le mettre en liste noire.

NOUVEAU PHILOSOPHE (ANCIEN)

Dessine-moi un Dasein

Depuis le temps qu'on prédit sa disparition sous prétexte qu'il fait hurler de rire les intellectuels étrangers jaloux, l'ancien nouveau philosophe est toujours là : à la télé, en librairie, dans les journaux, chez Ardisson et aux Grosses Têtes. Certes, depuis ses années de rébellion, il a troqué sa passion des vertus et sa mèche à la Jankélévitch pour un poste à responsabilités et un début d'embonpoint rassurant. Mais cela ne l'empêche pas, dès qu'il y a une guerre dans le Golfe ou en banlieue, d'éclabousser encore les grands débats nationaux d'une de ces gerbes de mots dont il a le secret, voire le monopole. Jadis néo-libertaire, aujourd'hui néo-libéral, l'ancien nouveau philosophe n'impose rien à part sa présence médiatique dont il n'use que pour nous dire le vrai et faire le beau. Libres à nous, ensuite, de choisir ce qui est laid, mal et faux. Mais on ne pourra plus dire qu'on ne savait pas.

Depuis le temps qu'il nous fréquente, nous l'opinion publique, l'ancien nouveau philosophe l'a expérimenté dans sa chair : livrées à elles-mêmes, les masses pensent n'importe comment et votent n'importe quoi. D'où la nécessité de confier la pensée à un vrai professionnel comme lui. Car, tel un phare dans la nuit globale, lui seul peut nous aider, avec ses bouquins, à comprendre la pensée de ses grands frères (Althusser, Kant, Botul...) qui l'ont précédé sur les chemins escarpés des cimes de la pensée universelle.

Évidemment, certains esprits chagrins reprochent à l'ancien nouveau philosophe ses gourances passées et son insistance à se tromper d'erreur. Comme si la Vérité (à l'instar du téléphone ou des brosses à dents) ne devait pas être l'objet de perfectionnements perpétuels. Deleuze n'a-t-il pas écrit, ou à peu près, que les choses peuvent être autres tout en restant les mêmes ? Alors pourquoi l'ancien nouveau philosophe devrait-il camper sur de vieilles convictions (qui étaient des erreurs, mais y en avait-il d'autres possibles à l'époque ?) au lieu d'en changer pour de plus modernes ? Dans un monde qui bouge sans cesse, faut-il avoir raison aujourd'hui et tort demain ou le contraire ?

NUIT DES ÉTOILES FILANTES

Passe-moi l'ciel

Chaque été, Bénédicte et Sébastien invitent des amis à passer la nuit des étoiles filantes sur la terrasse de leur grande maison familiale en Ardèche. Après deux ou trois essais infructueux pour décoder la nuit étoilée à l'aide du disque en carton offert par l'hebdo culturel exigeant auquel ils sont abonnés, place est faite à la pure méditation dans le silence assourdissant de l'obscure clarté. Bénédicte sert une infusion équitable de chez Marjolaine, Sébastien débouche un armagnac de chez hors d'âge, Édouard roule un joint de chez Barbès. Dans la nuit d'été, la Voie lactée scintille et Paris Plage semble bien loin. Une quiétude émerveillée se répand dans les âmes et l'on n'entend plus que la balancelle qui grince, le tilleul qui bruit et Édouard qui tousse. C'est alors que Bénédicte laisse tomber ses espadrilles, replie ses jambes sous sa robe mauve en éponge coton bio et dit, comme en un songe éveillé, en fixant l'étoile Polaire :

– Quand je vois Alpha du Centaure, je réalise qu'on est minuscules à l'échelle de l'univers…

– Où t'as vu Alpha du Centaure, ma chérie ? demande pensivement Sébastien en vérifiant la carte du ciel en carton à la lueur d'un photophore à la citronnelle.

Bénédicte reste silencieuse un instant puis remonte son chignon à l'aide d'une cuillère en bois et lâche d'une voix profonde :

– Peu importe *où* je l'ai vue Séb, l'essentiel est qu'elle brille *quelque part*. Essaie de regarder avec autre chose que tes yeux de cadre sup, pour une fois...

– Moi je la vois ! affirme Édouard d'une voix pâteuse. Là, à gauche de la Grande Ourse...

– Ah non, ça, c'est Cassiopée, ramené-je ma fraise.

– Dans le désert, si tu as soif, le nom de l'eau n'a pas d'importance, rappelle Bénédicte qui vient de finir le dernier Anna Gavalda.

– À propos, je vous ai raconté ma panne d'essence à scooter... ? demande Édouard en ricanant.

– Je ne vois pas le rapport avec le désert, remarque Sébastien en se resservant discrètement un armagnac.

– Ben si, parce que ça m'est arrivé dans une banlieue déserte... persiste Édouard.

– Oh ! Là ! Une comète ! l'interrompt Bénédicte.

– Tu crois pas que c'est plutôt L'ISS de Thomas Pesquet, ma chérie ? demande Séb.

– T'es lourd des fois, Séb ! soupire Bénédicte. Regarde un peu ce ciel... ça ne te fait pas poser de questions ?

Je me mets moi aussi à scruter le ciel, à la recherche de questions à me poser. La première qui me vient à l'esprit est: « On va quand même pas rester toute la nuit sur cette terrasse à se faire bouffer par les moustiques en regardant passer les avions? », mais je me retiens de la confier à mes amis, plongés dans la contemplation.

– J'ai envie d'essayer le désert, dit Bénédicte comme si elle s'adressait à elle-même. Il paraît que le ciel y est incroyable. J'ai une copine qui est partie avec Terre d'Av', elle a perdu 12 kg...

– On devrait tous partir au désert de temps en temps pour se débarrasser du superflu, confirme Séb pour se racheter. Au lieu de ça, on passe nos vies de cons à ménager la chèvre et le chou...

– Tant qu'à faire, si j'étais dans le désert, entre la chèvre et le chou, je me ferais la chèvre pendant que toi, tu te prendrais le chou! s'esclaffe Édouard.

– Là, une étoile filante! m'exclamé-je en indiquant du doigt un corps céleste qui file, tous feux clignotants, vers une destination lointaine.

– Vite! Un vœu! propose Édouard.

S'il a fait le vœu d'être invité à la prochaine nuit des étoiles filantes, ça m'étonnerait qu'il soit exaucé.

O COMME...

OMÉGAS 3

Le bon gras sympa

Nausées, fatigue, ongles cassants, foie en plomb, jambes en coton, prurit, émotivité, digestion bloquée, angoisse de castration, apnée du sommeil, doutes, perte des clés, solitude, sensibilité au chaud et froid, léthargie, règles surprises, calvitie foudroyante, résistance au changement, étourdissements, stupeur et tremblements, reflux gastriques, angines rouges et blanches, forclusion du père, hémorroïdes, cheveux fourchus, pneu crevé, désirs d'avenir, articulations douloureuses, irritabilité dans les transports, pieds en compote, lapsus, intolérance au soleil, licenciement par Delphine Ernotte, pellicules, problèmes de robinets, bouche pâteuse, insomnies, desquamation du derme, maux de tête, manque de concentration, psoriasis chronique, sécheresse de cœur, insuffisance générale, colères de Mélenchon...

Et si c'était dû à une carence en omégas 3?

OUIGO

Tout doucement

Pour les pigeons voyageurs qui payent encore plein tarif leurs billets de train, rappelons que les Ouigo sont des TGV qui roulent aussi vite que les autres mais pour beaucoup moins cher. Bien entendu, pour ne pas se concurrencer elle-même, la SNCF a travaillé chaque détail afin de faire durer plus longtemps des voyages qui s'effectuent pourtant à la même vitesse. À la gare, on ne monte pas dans le train, on patiente debout en « salle d'embarquement ». À l'ouverture des portes, on présente une pièce d'identité et ses bagages. Sur le quai, on accède à son wagon après une file d'attente façon épicerie albanaise un jour de paye. Et voilà déjà une heure de gagnée (pour la SNCF) donc perdue (pour l'usager).

À bord aussi, le mot d'ordre demeure : « À nous de vous faire préférer le train cher ». Les sièges molletonnés sont remplacés par des chaises de salle d'attente de Pôle emploi, des rangées de trois sièges permettent de pimenter les voyages en couple et les contrôleurs bourrus à casquette-moustache sont remplacés par des agents d'ambiance en débardeur Décathlon. Dans les haut-parleurs, une voix de slameur issu de la diversité difficilement audible rappelle aux voyageurs qu'« il n'y a pas de grmmbll-bar à bord, que l'eau des hmmmettes n'est pas potable et qu'un contrôle des mlllrrrges peut avoir lieu à tout moment ». Le débutant en *low cost* se demandera à quoi servent ces annonces, répétées tous les quarts d'heure. C'est pourtant évident : si on le laisse lire ou dormir, le voyageur en route vers l'avenir risque de se croire en seconde classe alors qu'il vient de réinventer le voyage en troisième.

P COMME...

PARIS PLAGE

Sous les Parisiens, la plage

Chaque été, narguant les hauts-revenus partis s'ennuyer à la mer ou à la montagne, Paris Plage reprend ses quartiers sur les quais de la Seine. Quoi de plus sympa qu'un petit plongeon en plein Paris, à deux pas de Notre-Dame ? Car contrairement aux idées reçues, il est possible de se baigner à Paris Plage. Il suffit de se frayer un chemin à l'espace baignade entre les gamins venus faire pipi dans l'eau, les militants de France terre d'asile passés faire une vaisselle et les employées du tertiaire au bout du rouleau venues se noyer.

Les allergiques au chlore pourront toujours faire une balade à l'espace développement durable sous les parasols des sponsors : Monoprix, FNAC, Lafarge, EDF, Orange tous rigoureusement éco-responsables, Ushuaia compatibles et ADEME friendly. Même les animateurs du stand Bilan Carbone sont d'anciens commerciaux Veolia recyclés.

À l'espace solarium, les transats en libre service offrent à des débutantes en quête de producteurs de téléréalité, l'occasion de valoriser leurs implants mammaires. Ambiance torride également dans l'espace Homolulu, enclave discrète de convivialité extrême où les pompiers du King sauna, les antiquaires de Chatou et les bûcherons du Kong viennent échanger des flyers en attendant le départ, mi-août, de la croisière souvenir Pascal Sevran.

Assis à une table de la buvette, habilement dissimulé par un bob et des lunettes noires, Guy Carlier note dans son carnet : « Traqués par l'URSAFF, Maalik et ses collègues ont fui leur arrière-cuisine de restaurant pour prendre un peu le soleil pendant la pause. Bien cachés au milieu de tous ces gens en shorts venus bavarder, lire *Voici*, réviser Engels, partager un pique-nique, se bécoter ou flemmarder entre deux averses, ils oublient un peu la plonge. Avec un regard compatissant pour les palmiers anémiques dans leurs bacs en bois, ils pensent au pays… »

PÉTASSES

Nabilla et ses sœurs

Elles ont la grâce féline de panthères fraîchement brushées chez Jean-Louis David et les yeux un peu tristes que laissent les enfances pas si faciles. Chacune porte un T-shirt bien rempli où s'étalent leurs prénoms en lettres à paillettes : Cynthia et Aurélie. D'un regard circulaire, elles scrutent la pénombre de la grande brasserie. C'est l'heure creuse où les écrivains font la sieste et où les journalistes donnent leurs rendez-vous. Déçues, elles repèrent mon dictaphone et s'assoient à la table à côté de la mienne au cas où Guillaume Canet viendrait se faire interviewer. Un nuage parfumé de prolongateur de bronzage nous enveloppe lentement.

– T'as vu ? On est à la table de Jean-Paul Sastre, remarque Aurélie en désignant d'un ongle violet la petite plaque de cuivre vissée sur leur table.

– L'autre fois, on était à celle de Jean-Edern Machin, répond Cynthia absorbée dans l'écriture d'un SMS.

– Sastre, c'était bien le mari de Françoise Giroud ? s'informe Aurélie.

– Pourquoi y mettent que des vieux sur ces tables ? Christophe Maé, il est toujours fourré là, et ben, je suis sûre qu'il a même pas de table à son nom…

Cynthia ne répond pas. Elle vient de repérer un chanteur à crinière blanche, craquelé de bronzage.

– T'as vu qui vient d'arriver ? Il était à *On n'est pas couché*, y a deux semaines, chuchote Aurélie. J'étais juste derrière lui dans le public. J'avais mon petit haut flashy, on ne voyait que moi.

– Moi, j'y vais plus. Six heures d'enregistrement, à la fin, t'es défigurée de chaleur.

– Et là, t'as des projets ?

– La meuf de Pôle-Emploi m'a proposé un stage d'aide-puéricultrice, mais j'ai démarré des cours de comédie : diction et démarche. On a un coach topissime, çui qu'a fait les « chorés » dans *Un, dos, tres, Madame Bovary* de Dove Attia.

– Guillermo ? Y paraît qu'il est pédé...

– Comme tous les grands artistes. Regarde Dave ou Jean-Marie Bigard... Et toi, tu fais quoi cette saison ?

– J'aide mon père à l'onglerie mais j'ai un casting pour un appel à témoins de *C'est mon choix* sur l'obésité.

– Mais, tu n'es pas obèse !

– J'ai envoyé une photo de ma sœur. Si ça marche, je grossirai comme De Niro. De toute façon, faut envoyer 10 CV pour une seule réponse alors...

PEUR

« C'est moi, n'ayez pas peur » (Jésus-Christ)

Je ne sais pas vous, mais moi j'ai peur de tout, tout le temps.

Du cholestérol, des cambrioleurs, de vieillir, des accidents vasculaires cérébraux et de la route, des bandes de jeunes qui font du bruit, des nanotechnologies, des mégas corporations, d'Alzheimer, de rater mon train et ma vie, de l'artériosclérose[1], de la montée des océans et des extrêmes, du dentiste, de la dévaluation du yuan, de la perte des valeurs et des repères, de la disparition de mes amis et de mes cheveux, du cancer, de la fin de l'amour, de la mort, de la souffrance, de ne pas trouver de chute rigolote.

PHARMACIEN

Apothicaire

La pharmacie est cet « espace de santé irremplaçable » où l'on trouve des comprimés mentholés, des anticonceptionnels et des patches à la nicotine (à ne pas confondre avec le bureau de tabac où l'on vend des Mentos, des capotes et des Lucky Strike). Ma pharmacie vend aussi du Zan, du shampoing, des bas, des peignes, des gants de crin, du sucre allégé, de l'eau minérale, du fard à paupières, du parfum, de la poudre... Mais comme on n'est pas dans une vulgaire parfumerie, le gloss effet diamond est hypoallergénique et le déodorant a été testé par l'Association française des dermatologues jouant au tennis.

Autre signe distinctif, le pharmacien est le seul commerçant de la rue piétonne à porter une blouse blanche ouverte sur un polo Lacoste rentré dans le pantalon. Il est aussi le seul à pouvoir vendre les brosses

1. Je préfère d'ailleurs ne pas savoir ce que c'est.

à dents recommandées par la très influente Association française pour la santé bucco-dentaire qui bosse depuis des années sur la couleur et l'orientation des poils de brosse.

Quand c'est lui qui tient la caisse, le pharmacien n'hésite jamais à prodiguer un ultime conseil personnalisé.

– Il vous a prescrit ça pour quoi, votre généraliste ?

– Sinusite…

– Vous avez essayé le nettoie-narines approuvé par l'Association française pour la sécurité de la cavité nasale ? il est en promo en ce moment.

– J'en ai une cartouche à la maison.

– Et de l'Audispray, pour les oreilles. On l'a en pack-éco.

– Mon médecin me l'a déconseillé…

– Alors, prenez le kit Influenza : masque approuvé par l'Association française des pneumologues, solution hydro-alcoolique, tamiflu goût orange, vitamine C à croquer et mouchoirs à l'huile essentielle de romarin. C'est remboursé par les mutuelles.

– Vous pensez que j'ai la grippe ?

– Non, mais en tant que partenaire de santé irremplaçable, je fais de la prévention. Je peux vous en mettre un de côté, mais dépêchez-vous de trouver une ordonnance, la promo s'arrête lundi.

– Et une solution pour inhalation, s'il vous plaît.

– Écoutez, y a pas marqué herboristerie ici. J'ai des vrais malades qui attendent.

Quand on y réfléchit, plus on fréquente les pharmacies, plus on est malade. À moins que ce ne soit l'inverse. En tout cas, y a pas de hasard.

POLAR

Certains l'aiment noir

Quand je vois le train de vie de certains de mes collègues écrivains à succès, je me dis que je serais bien bête de ne pas écrire, moi aussi, un best-seller. Si j'en crois les chiffres des ventes, le plus lucratif, c'est le roman policier à atmosphère. Il faut que ça se passe si possible dans le Nord, car tout là-haut, les atmosphères ont de vraies gueules d'atmosphères. En plus, les nuits sont plus longues et plus épaisses que par chez nous (économie de description des décors). Et quand le pâle soleil de midi perce enfin la brouillasse humide qui imprègne toute chose et fait moisir les cheveux, les psychopathes ont un regard bleu inox, surtout pendant la saison des meurtres en série (d'octobre à mars). Et puis, la Scandinavie, la Laponie (ou, à la rigueur, les Hauts de France), ça dépayse le lecteur qui en a marre des romans noirs qui se passent dans la banlieue de Vénissieux ou de Marseille ou des polars du terroir dans lesquels une sauvageonne muette qu'on prend pour une sorcière a vu la scène de crime et connaît le coupable mais ne peut rien dire, sauf à la fin quand les gendarmes de Coursensac découvrent que c'est le meunier qui a fait le coup.

Pour mon succès en librairie, il suffit que je garde à l'esprit que le polar est un putain de miroir brisé où se reflète la sale face de maquerelle déglinguée de notre société. J'inventerai une série de meurtres atroces et inexplicables (les meurtres sympas et évidents sont à proscrire). Des crimes salissants, qui font vomir les brigadiers de police débutants, avec un rituel compliqué à décrire pour tirer un peu à la ligne. Ne pas oublier de faire laisser par le méchant des indices cryptés, des codes abstrus et des énigmes absconnes.

Penser à décrire une petite communauté humaine hostile et isolée du monde où règne une ambiance méphitique et oppressante (toujours éviter les ambiances saines et aérées). Pour ne pas refaire le coup de la secte satanique, salafiste, néonazie ou catholique intégriste (surexploités ces derniers temps), essayer une faction bouddhiste, pour changer un peu. Ou un phalanstère néolibéral.

Penser à décrire un bled paumé où vivent des gens consanguins, dans une ambiance propice à la consommation d'aquavit (expliquer en une dizaine de pages la différence entre l'aquavit et la vodka).

Camper un flic solitaire, dépressif, mal rasé et déglingué par l'aquavit et le tabac (surtout jamais de policier sportif et content dont la femme n'est pas partie et dont la fille ne se drogue pas). Raconter en détails (2 à 3 chapitres minimum) le désordre dédaléen qui règne dans le bureau et dans la tête du flic.

Pourquoi pas un commissaire rom franc maçon ou une juge transgenre qui a des problèmes d'identité pour jouer la différence et réveiller le critique blasé ?

Enfin, ne jamais oublier qu'un tueur en série permet de faire signer plusieurs tomes d'un coup à l'éditeur et d'éviter de chercher de nouvelles idées à chaque rentrée littéraire.

PROVINCIAL

Différence capitale

Un écrivain parisien a écrit quelque part[1] à mon sujet : *« Timide, fragile, gentil, voici Pascal, le provincial. »* Gentil, fragile, timide..., je veux bien, si ça peut aider à faire vendre des bouquins auprès des filles, mais *provincial*, qu'est-ce qu'il en sait ? Ça se voit donc tant que ça ?

D'abord, j'ai cru que c'était une histoire d'accent. C'est vrai que, sous l'empire des sens ou de la Pelforth,

1. *Renaud : Bouquin d'enfer,* Thierry Séchan, Éditions du Rocher.

il m'arrive de laisser échapper des diphtongues typiques de ma Saint-Étienne natale (où la rue artérielle limite le décor et les cheminées d'usine hululent à la mort). Mais c'est rarissime. Dans la vie quotidienne, quand je dis « Hé, Ducon, t'as pas vu le feu rouge? » ou « Avance, connasse, y a encore de la place au fond du bus! », je défie quiconque de deviner que je ne suis pas parisien.

Ensuite, j'ai pensé au look. C'est vrai que je me suis déjà senti un peu gland avec mes pantacourts du Géant Casino et mes polos déteints sous les bras dans des cocktails de jeunes créateurs en T-shirt Diesel. Mais on m'a aussi demandé d'où j'arrivais à la piscine ou au sauna, donc l'habit n'explique pas tout.

Après, j'ai pensé que j'avais peut-être un visage plus ouvert et un teint plus frais, comme tous les provinciaux pas encore acclimatés. Mais, après vérification, j'ai constaté que j'ai l'air aussi épanoui et avenant qu'un chauffeur de taxi parisien.

Bref, au terme de mon enquête serrée, je n'avais toujours pas compris ce que j'avais de provincial et j'étais prêt à abandonner les recherches quand un ami intime m'a tout balancé. Ce jour-là, il avait l'air emmerdé de quelqu'un qui s'apprête à t'avouer qu'il a voté Dupont-Aignan:

– Tu sais, il y a longtemps que je voulais t'en parler... Voilà... en fait..., ça fait bouseux de dire: « J'ai fait mes courses *aux* Champs-Élysées. » À Paris, on dit : « J'ai fait du shopping *sur* les Champs. »

– Tu vas rire, en province, on dit « Je vais *aux* champs » quand on va travailler *dans* les champs et « Je vais *chez* Auchan » quand on va faire ses courses[1].

PSY

Allonge-toi et marche !

Contrairement à ce qui a été trop souvent dit et écrit au sujet de la psychanalyse, l'invention de Freud[2] ne se borne pas à déplacer au stade oral des coliques-symptômes ou à clarifier des rêves troubles. Bien plus qu'une vulgaire thérapie non remboursée, la psychanalyse laboure tous les champs du signe (névrose, conso, déco...) et fournit même les mots pour le dire *(moi, ça, transfert...)*.

On distingue couramment trois grandes marques de psys.

Le freudien porte une veste de velours à grosses côtes, un col roulé beige et un pantalon à la José Bové (la pipe mâchouillée est un « plus » qui garantit

1. Merci à Jean-Yves Ferri !
2. Pour tout savoir sur Freud, ses sympathies pour le 3e Reich, ses comptes en Suisse et son cannibalisme, voir les nouvelles révélations de Michel Onfray dans *Le Crépuscule d'une idole 2 : Remboursez-nous la cure !*

le sérieux du cabinet). La séance dure 29 minutes et 25 secondes (selon le protocole établi à la 5e scission de l'internationale freudienne). L'analyste toussote de temps en temps pour montrer qu'il ne dort pas et, exceptionnellement, dit « oui ? » en cas de lapsus salace ou d'aveu horrible. Les séances manquées par le patient sont dues.

Le psy à la Dolto est souvent une femme que l'on choisit parce qu'elle nous évoque maman (cette sainte qui a épousé un loser). Vêtue d'une robe ample qui sent l'eau de Cologne, d'une lavallière en polyamide et de pantoufles fantaisie, elle fournit gratuitement les feutres, la pâte à modeler et les paquets de BN. La séance dure 4 heures (y compris le temps de séchage de la poterie). La psy fait dessiner sa famille, des champignons et des arbres. Il est possible de la payer en Pokémons ou en coquillages.

Plus *hype*, le psy lacanien s'habille en Versace, porte des lunettes Fendi eyeswear et fume des mini-Cohiba menthol. La séance dure entre 3 et 11 minutes sur un divan Knoll au cours desquelles l'analyste téléphone pour désinhiber la symbolisation primaire et désenclaver la forclusion comme abolition symbolique du père. Les séances manquées par le patient comptent double, celles oubliées par l'analyste comptent triple. À la fin de l'analyse, le psy conclut par une sentence du Maître : « Si vous avez compris, vous avez sûrement tort. »

J'ai l'air de me moquer, mais après avoir longtemps caché mon « je », je me suis allongé dessus moi aussi. Avant de commencer mon analyse, j'allais mal au niveau du vécu. Et puis un jour, enfin, j'ai accepté de me mettre à découvert (intellectuellement et financièrement) et je suis entré dans cet univers parallèle de la cure où les minutes durent des années et où l'argent (en liquide si possible) n'est qu'un faux problème parmi beaucoup d'autres. J'ai compris qu'une psychanalyse n'a pas de prix puisque celui-ci est décidé par l'inconscient du psychanalyste qui, par le phénomène du contre-transfert, est aussi le vôtre. Donc votre prix est le sien et son prix est le vôtre. J'ai aussi découvert que plus la cure est longue, plus les effets sont rapides. D'ailleurs, j'avais à peine fait 8 ans de divan que mon malaise indéchiffrable a soudain connu un mieux-être aussi soudain qu'inexplicable : j'ai reçu un coup de fil de mon psy m'annonçant qu'il cessait son activité et partait s'installer en province. Grâce à lui, j'étais enfin guéri.

Q COMME…

QUALITÉ (PROGRAMMES DE)

Plus belle la mire

Le programme de qualité sent le cahier des charges du service public, le héros récurrent fédérateur et la morale édifiante. Il peut s'agir d'un instituteur itinérant qui porte la scoumoune. À peine est-il nommé dans une école communale paisible qu'il se retrouve confronté à un problème sociétal de société à régler en 90 minutes : le racisme anti-myopathe, les parents transsexuels, les enfants de curés, les réfugiés bosniaques diabétiques qui piquent dans la caisse, la redoublante en CM2 enceinte de triplés… Les variantes sont le prêtre récurrent, l'assistante sociale récurrente, le brocanteur récurrent, la proviseure récurrente, l'avocat et associés récurrents, la jugesse récurrente, le collabo et le résistant récurrents, les Marseillais récurrents…

Le programme de qualité peut aussi mettre en scène des flics nerveux mal rasés et au bout du rouleau pour faire « série nerveuse comme sur HBO ».

Montage nerveux, traveling nerveux, interrogatoires nerveux, serial killer nerveux... tout est fait pour séduire l'annonceur nerveux mais, malgré les gros mots, l'ensemble reste aussi nerveux qu'un Maigret au temps de la SFP.

Le programme de qualité peut être exceptionellement une comédie, auquel cas elle ne doit pas être trop drôle pour laisser du temps de cerveau disponible à la ménagère de moins de cinquante ans.

Enfin, le programme de qualité peut coûter vraiment très cher s'il est mis en scène par Josée Dayan ou Luc Besson (il sera amorti en le vendant aux télés publiques africaines). D'ailleurs, selon une rumeur persistante, après avoir incarné les plus grands noms de la littérature française (Jean Valjean, Dumas, le Comte de Monte-Cristo, Obélix, Barbara...), Gérard Depardieu aurait bloqué deux jours pour incarner bientôt Madame Bovary dans *Le Rouge et le Noir contre les Trois Mousquetaires*.

R COMME…

RETRAITE

Plus vieille, la vie

Je viens de recevoir une brochure en couleurs sur papier glacé intitulée « Votre régime de retraite évolue » et, au lieu de la mettre au composteur comme d'habitude, je l'ai ouverte.

Ne comprenant rien aux jolis tableaux, j'ai plongé dans le coffre où je range tous les documents pleins de sigles cryptés contenant le mot « retraite ». En lisant pour la première fois tous ces courriers, j'ai appris que j'avais « acquis des droits » auprès de la BCAC, du ARRCO, de l'AGIRC et même de l'IRCEC. Incidemment, j'ai aussi découvert que la RAAP contrôlait dorénavant la RACL et le RACD depuis leur séparation à l'amiable (je suis tellement négligent que j'ignorais qu'ils avaient été en couple à une époque).

Dans une autre lettre, la SACEM elle-même avait « le plaisir » (sic) de m'informer que mes points RAES se diviseraient désormais *automatiquement* en 2 familles : les DERP et les DRM et ce jusqu'à atteinte du plafond indiciaire contractualisé.

Enfin, le groupe B2V (je ne sais pas qui sont ces gens mais ils ont l'air d'en savoir long sur moi) me communiquait le montant de ma « rente viagère différée », tout en m'avertissant que si je ne cochais pas la case ci-contre, les cotisations affectées au compte individuel RVD seraient illico traduites en éléments de rente viagère servie jusqu'à extinction du débirentier bénéficiaire (à l'heure où j'écris ces lignes, j'ignore encore si le débirentier est éteint ou pas).

Face à ce tas de papiers rédigés en espéranto des affaires, après m'être effondré en larmes et mouché dans le fascicule de 57 pages résumant le régime général complémentaire obligatoire, je me suis juré de ne jamais arrêter de bosser. Que les CRAM gardent mes points, que le CARSAT les donnent à la CALIPER ou à l'IRCANTEC mais on ne me verra pas faire la queue sous la pluie devant les AGRR avec mes fiches de paye dans un grand cabas. Reste à trouver un complément de revenus PMVJ[1].

1. Pour mes vieux jours

S COMME...

SÉMINAIRE SUR LE CHANGEMENT

Le changement sera toujours le changement

Régulièrement, des minibus remplis de cadres habillés comme Édouard Philippe en week-end au Touquet chez les Macron quittent les grandes métropoles industrieuses pour des destinations rurales discrètes mais suréquipées en rétroprojecteurs, paper boards et matériel de rafting. Le but de ces virées champêtres, loin du *business as usual* : un séminaire sur le changement.

– Mais pourquoi vouloir changer puisque ça marche déjà très bien comme ça ? demande inévitablement l'archéo-syndicaliste attaché à la flex-sécurité à son pépère comme une moule à son rocher.

– Tout simplement parce que si nous ne changeons pas, d'autres changeront à notre place, explique le consultant en changement. Et s'ils changent tous sans nous, nous serons les seuls à ne pas avoir changé...

– Excusez ma question stupide, insiste un vieux cadre sous Prozac, mais l'année dernière on est passés du *customer centric focus* à la *partner attitude,* pourquoi changer encore pour le *cross business comittment* ?

– Nietzsche a dit : *« Le serpent qui ne peut changer de peau, meurt »,* explique patiemment le consultant qui en a vu d'autres chez SFR et à La Poste. L'alternative est simple : ne pas changer et mourir comme on est ou changer et ne pas mourir sans n'avoir pas changé de peau[1]. Prenez Bill Gates : au début, il fabriqua un énorme ordinateur très cher et qui ne marchait pas. Comme il ne réussissait pas à le vendre, il médita cette phrase du Bouddha pendant son jogging : *« Il n'y a qu'une chose qui ne change pas, c'est le changement. »* Alors, il *changea* et se mit à fabriquer plein de petits ordinateurs pas chers et qui fonctionnaient. Et il devint très heureux et très riche.

– Mais je croyais que l'argent ne faisait pas le bonheur...

– Ça vient de changer.

SENIOR

Cheveux bleus, maux fléchés

Tous les jours, à 6 h 54 pétantes, après la météo de Nathalie Rihouet dans *Télé Matin,* le senior réveille

1. Je simplifie volontairement pour le non-manager.

la copropriété avec son aspirateur sur coussin d'air (découvert au *Télé Achat*) puis il donne un bon coup de plumeau électronique (acheté par correspondance) aux rideaux du salon et aux photos de mariage. Pendant ce temps, la seniore nettoie le balcon et le chien au Vaporetto (cadeau d'abonnement à *Notre Temps*), puis elle prend de l'avance sur sa journée en faisant mijoter la blanquette de midi et la soupe du dîner. Ces tâches urgentes accomplies, le senior et madame peuvent se poster au balcon pour espionner les voisins qui partent bosser. Ensuite, ils sautent de concert dans leurs chaussures Méphisto et vont ralentir les files d'attente à La Poste ou relancer la croissance chinoise au Lidl du coin.

Après des années de guerre, au cours desquelles ils ont survécu en fabriquant leurs chaussures dans du carton et en mangeant leurs semelles au bain-marie, les seniors se sont laissée ramollir par un système de protection sociale[1] qui leur a fait prendre plein de triglycérides superflus. C'est pourquoi, au terme d'une vie de labeur, passée en costard cravate ou en salopette, le senior se permet enfin un look *Miami Beach* : polo coloré, jogging fantaisie et Nike Pump fluos comme on n'en trouve qu'en Californie et chez Foot Locker. C'est dans cette tenue bigarrée et confortable qu'on le croise,

1. Rappelons-leur amicalement que c'est nous qui le finançons et qu'ils pourraient y aller mollo avec les visites médicales.

chariot à la main, déambulant paisiblement dans les galeries marchandes (où il profite des affaires de la Foire aux plastiques), dans les salles d'attente des dentistes (où il vient lire Closer et se faire poser des dents en céramique de tungstène) et dans les croisières Costa (où il pille méthodiquement le buffet de crudités à volonté).

Quoique n'ayant strictement rien à faire de ses journées (à part les mots croisés géants de *Paris-Match*), le senior est chroniquement débordé, car membre d'un tas d'associations : les Amis du Diabète et pour le retour de Julien Lepers, les Randonneurs Arthritiques, la Chorale des Opérés de la Cataracte… Autant de lieux de convivialité où il tire les rois, de janvier à mars, joue au Scrabble et échange des livres de généalogie ou sur le rhumatisme du colon.

Autres activités régulières sur l'agenda vermeil : les visites médicales et les enterrements. Le senior le plus débordé est toujours prêt à bouleverser son emploi du temps pour un rendez-vous chez le gastro-entérologue ou les funérailles d'une voisine de syndic. Quand son planning se relâche un peu, le senior en profite pour fabriquer des étagères à sa femme qui y dispose aussitôt sa collection de calèches d'impératrices (éditions Atlas), ses machines à coudre et son *Encyclopédie universelle de la confiture* reliée pleine peau.

Côté high-tech, le senior est du genre paradoxal. Capable d'envoyer à ses amis d'énormes fichiers PowerPoint sur les fleurs de nos montagnes, il est souvent incapable de lire un SMS ou de faire cuire une omelette sur la plaque à induction qu'il a gagnée à la tombola de la paroisse.

Pour se remettre de sa vie trépidante, le senior part régulièrement en cure thermale, l'un des derniers lieux où la modernité le tolère. Devant la fontaine d'eau sulfurisée (excellente pour le foie), il sympathise avec d'autres seniors en peignoir qui l'invitent à boire des pastis (excellents pour l'intestin). Au bar de l'Hôtel des Deux-Sources, les seniors font tourner les photos de leurs petits-enfants, pour qui ils sont des dieux vivants, détaillent les symptômes de leurs arthroses, causent du monde d'aujourd'hui, s'inquiètent des cartes postales à finir absolument avant la levée de 7 h... Songent-ils que leurs insignifiantes nouvelles et leurs mots de banale tendresse, tracés d'une écriture appliquée, mais déjà tremblée, nous manqueront bientôt à jamais? En veulent-ils un peu à ce monde qui voudrait tant pouvoir les cacher? Dans le soleil faiblissant, ils espèrent secrètement que, tant qu'ils s'habilleront de couleurs voyantes et gaies, la mort ne les remarquera pas.

SÉRÉNITÉ

« En vieillissant, j'ai compris qu'il ne se passe jamais rien » (Basile de Koch)

En ce moment, je suis inexplicablement de bonne humeur. Car c'est le printemps et mon cœur, et ton cœur, sont repeints au vin blanc sans sulfites. Et tous les clignotants sont au beau fixe, pour peu qu'on les regarde en clignant des yeux.

Est-ce l'effet de ma cure de spiruline, mes débuts dans la pratique de la méditation ou mes réveils « *early miracle morning* » comme les patrons du CAC 40 ? En tout cas, j'ai la pêche et je sens que je peux rendre ma vie *great again*. Oh, bien sûr, il m'arrive encore, comme à tout un chacun, d'avoir mal. À la France, ou, plus proche de nous, aux dents. Dans ces cas-là, j'éteins la radio, je prends un Doliprane et je sors respirer l'air du temps, si frais et si vivifiant quand la circulation est alternée. L'autre jour, en attendant l'heure de mon train, je savourais une bonne bière en dévorant *Le jour où les lions mangeront de la salade verte* de Raphaëlle Giordano. J'aime ces livres qui font du bien, notamment à leurs éditeurs. Soudain, une jeune fille m'aborda avec un sourire d'émoti-conne.

– Excusez-moi, vous êtes bien Patrick Fioretti ?

– Oui, répondis-je, à demi-flatté d'avoir été semi-reconnu.

– Continuez à nous faire rire, on en a bien besoin ! Surtout en ce moment, soupira-t-elle.

– Merci, la remerciai-je, inexplicablement touché par le désarroi de cette jeune fille en fleurs et en sarouel.

Je sentais en elle un trouble qui m'était familier et, soudain, je me revis à son âge. Toutes les questions que je me posais alors me revinrent à la vitesse d'un téléchargement avec la fibre: faut-il être de gauche quand on a 20 ans? Et si oui, jusqu'à quel âge? Doit-on forcément perdre sa vie à la gagner? Si on ne la gagne pas, la perd-on vraiment? Et d'ailleurs, que veut dire « réussir sa vie »?

Ah, comme je les connaissais bien, tous ces dilemmes avec deux m.

J'eus envie de la consoler, de lui dire que j'étais passé par là, qu'il fallait laisser tomber le plus vite possible l'espoir d'être libre et joyeux. Lui expliquer qu'avec le temps, va tout s'envase. Le temps... Les réseaux sociaux, la télévision et nos téléphones sont là pour nous aider à le tuer en attendant qu'il passe. Et si les grandes questions font mine de se poser quand même, il faut ruser. Travailler plus, faire du yoga, con/sommer et dé/penser, comme disait ma psy qui n'était pas la moitié d'une lacanienne et ne prenait pas les chèques.

J'aurais voulu la prendre dans mes bras, lui faire un *hug* gratuit et la rassurer. Lui promettre que si l'on sait attendre sagement, un beau matin, on se réveille, chauve et serein, et on découvre, incrédule, que les questions ne se posent plus. Qu'on est enfin tranquille, apaisé, à jour de ses points de retraite.

Mais m'aurait-elle compris? M'aurait-elle seulement cru? Alors, plutôt qu'un long discours, ou la jambe, je lui tins à peu près ce langage: « Regarde ce platane qui pousse dans le bitume. Il ne sait pas que la forêt est ailleurs, sinon, il s'en irait. Le mieux est de faire comme lui : profiter du printemps... ».

Et Laurent Gerra, il est sympa en vrai ? me demanda-t-elle.

SÉRIES (LA LOI DES)

Breaking the wire abbey of thrones cards

L'autre soir, j'ai dîné chez les L.-T. Très vite la discussion a dégénéré en engueulade entre ceux qui tenaient que *Orange is the new black* était la meilleure série depuis l'aube de l'humanité et ceux qui préféraient *The Mad Men* à cause des ambiances « hyper *upper* Hopper » (heureusement, les amateurs de zombies qui marchent n'avaient pas été invités et les fans de *Dr House* étaient couchés depuis longtemps).

C'est ainsi qu'il en va désormais : que l'on dîne avec des étudiantes en sémiologie-comparée, des insoumis à pull en V et queue de mulet ou des *start-upers* de la *french tech*, impossible d'échapper à leurs séries favorites qu'ils vous racontent avec force détails inanes.

En ce qui me concerne, malgré mes efforts pour rester dans le coup, j'ai toujours une série culte de retard. En général, je me contente donc de sortir une ou deux banalités téléramesques sentencieuses sur l'écriture filmique, les arches narratives et les meilleurs *networks* (Haiche Billo et Chaneul for).

En revanche, mon point fort, ce sont les séries françaises. Les classiques inusables, bien sûr: *Le broc'*(un brocanteur mène l'enquête), *Julie Lescaut* (une rouquine de droite mène l'enquête), *Navarro* (un commissaire pied noir de 87 ans mène l'enquête)... Mais aussi des séries plus sociétales de société: *Joséphine Ange gardien* (une naine résout les problèmes des gens), *Camping Paradis* (un ancien gros résout les problèmes des gens), *Plus belle la vie* (des Marseillais à problèmes résolvent des problèmes de Marseillais). Sans oublier les créations originales transgressives de luxe: *Braquo*, *Mafiosa*, *Engrenages*... (des flics, des corses, des pénalistes... réinventent les codes de la fiction en tirant dans le tas).

D'ailleurs, je me suis décidé à écrire le pilote d'une série bien française et super fédératrice. Ça s'appellera « La Pompière » et c'est fait sur-mesure pour France télévision. Ça raconte le parcours de Fatoumata, une jeune femme obèse issue d'une cité à problèmes qui a un rêve secret: être utile à la société. Un jour, une fée républicaine lui apparaît (Arielle Dombasle) qui lui propose de réaliser un vœu. La jeune femme demande à devenir pompière de Paris. La voilà enrôlée dans l'équipe du commandant Jacques Daniel (Jean Reno) un homme droit mais tradi qui a du mal à accepter le sexe, le poids et la couleur de peau de la pompière. Jusqu'au jour où Fatoumata sauve la mère de Jacques (Line Renaud) qui est malade d'Alzheimer. Jacques comprend alors qu'ensemble tout devient possible.

SLAM

À quoi ça rime ?

(Piano solo)
Wesh mon frangin, mon ego alter,
Suis mon modèle pas délétère
Si t'as un Bic indélébile,
Ou un iPhone à écran tactile
Lâche pas l'affaire, saute sur l'occase
Écris un slam, sur ta vie nase.
(Orgue Bontempi)
Au lieu d'graffiter les WC
Pourquoi qu'tu fais pas un CD ?
Mets une musique, genre ascenseur,
Et cause-nous un peu de ta sœur,
De ta voix grave et concernée
Par les problèmes de société.
(Accordéon électrique)
Dis qu'y a des rires, qu'y a des pleurs,
Qu'y a du foie, qu'y a du cœur,
Prends un air sombre et consterné,
Pour plus de crédibilité.
Mets ta démo en colis postal,
Envoie l'tout à Universal.

SNCF

Éloignez-(pause) vous de la bordure du (pause) quai

Quand on ne prend pas le TGV relooké par Christian Lacroix ou l'InOui pour le far west mais les trains de base, on a du mal à s'en rendre compte ; pourtant, la direction de la SNCF aimerait sincèrement nous faire préférer le train. En améliorant l'information des voyageurs par exemple. D'où la voix synthétique gourmande et toujours à la limite de l'orgasme qui donne les infos : *« Suite à une (pause) avarie motricielle (?), le train (pause) 790 987 321 879 en provenance de Tours et à destination de (inaudible) départ initialement prévu à (inaudible) heures 37 circule avec un retard d'environ (inaudible) minutes. Attention au départ. »*

On attend tous que quelqu'un se dévoue pour expliquer à la droïde, tout à sa joie synthétique, que le voyageur humain s'en fout que le numéro du prochain train pour Caen soit 549 879 456 ou un nombre premier remarquable.

Autre idée du futur qui montre que la SNCF a décidé de prendre le taureau par les couilles en matière d'information : les fiches horaires. Sachant que *LV* signifie : « circule du lundi au vendredi », que *TS* veut dire « Toutes gares sauf le samedi et sauf le 15 août » et que *4* signifie « circule tous les jours sauf les samedi, dimanche (à l'exception du 9 juin), hors fête de l'Ascension », à quelle heure partira le TER PIXU (LV4TS) le samedi 21 juillet ?

SOLDES PRIVÉES

Hardes discount

Quand ma copine relookeuse (c'est écrit sur sa carte gratuite Ooprint) m'a proposé de l'accompagner à des soldes privées chez un grand couturier anglais, j'ai sauté sur l'occasion et dans son Austin tout skaï. Direction, le Faubourg Saint-Honoré. Le grand déballage avait lieu au deuxième étage d'un immeuble haussmannien surchauffé, plancher qui craque, air saturé de parfums précieux, écrans géants et musique indienne lounge en sourdine.

Ma copine s'était accoutrée de façon à ce qu'on ne voie qu'elle. Quant à moi, j'avais opté pour l'élégance froissée d'un type débarquant de Notting Hill dans un Eurostar coincé sous la Manche. L'idée était de montrer que je suis dans « l'être » et pas dans « le paraître » (ou alors en bleu s'il y a ma taille). Dès notre arrivée, deux bourgeoises à tignasse cendrée me dévisagèrent au scanner corporel. Impossible de deviner si c'était par méfiance ou par admiration pour mon petit pull Houellebecq à rayures trop court.

Pour donner un côté « vente de charité à la paroisse », la grande maison londonienne avait installé à la bonne franquette des portants surchargés de robes brodées, d'écharpes soyeuses, de ceintures brillantes et de manteaux en animaux. Les étiquettes, pudiques, indiquaient des baisses vertigineuses (jusqu'à - 70 % sur des blazers à 17 000 €). Sur la table « accessoires », des tas d'objets en maroquinerie s'entassaient dans un désordre très Foirfouille à Champigny. Derrière l'étal, une dame brune neurasthénique surveillait ma copine qui venait de craquer pour un sac en poulain rose. Pendant l'interminable « essayage » de l'objet[1], j'eus le temps de circuler parmi la cinquantaine de femmes sophistiquées rôdant, avec des moues gourmandes, autour des cintres surchargés.

– T'as vu ce sublimissime triangle en voile de guipure, gansé de tricot tout pilou ? demandait l'une.

– Tu mets ça avec un petit paréo en lin écru outremer, cintré au niveau du surpiquage et coulissé au nombril, tu tombes tout le monde chez Frédélian au Cap Ferret, répondait l'autre.

– C'est vrai que c'est parfait pour un *after beach* comme drapé. Tu crois que si je leur fais un papier dans ***, ils vont me l'offrir ?

– Évidemment ! Il suffit de demander à la vieille peau de l'entrée. Mes mules Prada, tu crois que je les ai eues comment ?

1. C'est ce jour-là que j'ai découvert qu'on peut essayer un sac.

T COMME...

TABAC (ARRÊT DU)

Tousse pour un

Ça faisait environ 37 heures, 53 minutes et 18 secondes que j'avais arrêté cette saloperie qui pourrit les dents et donne une voix de Carla Bruni enrhumée lorsque je poussai la porte de chez ***. Ma première nuit parisienne d'homme libre et riche[1] ! Mon tabacologue m'ayant conseillé d'éviter l'alcool pendant le sevrage, j'ai commandé un Perrier (fluo pour faire festif) et j'ai commencé sans plus attendre à vider un saladier de cacahuètes. C'est là que la copine d'une copine d'un mec qui connaît bien Philippe Lavil m'a abordé et que je me suis rendu compte que l'arrêt du tabac développe l'odorat : à vue de nez, elle avait pris un bain

1. À 8 € le paquet, mon abstinence m'avait déjà fait économiser dans les 15 € (moins 45 € de gommes Nicorette).

de Chanel n° 5. Une coupe de champagne à la main, elle considéra mon eau minérale et me demanda :

– T'es en réhab comme Franky Pipou ? (Franky Pipou est le roi de la nuit).

– J'ai arrêté de fumer, alors j'évite l'alcool, m'excusai-je vaguement.

– Moi, j'ai arrêté il y a deux ans. J'ai pris 7 kilos que je n'ai jamais perdus !

Je calculai mentalement qu'elle devait peser dans les 34 kilos du temps de sa tabagie.

La conversation roula ensuite sur l'acupuncture. La fille connaissait un médecin chinois tellement *overbooké* que même Jean Bloch (Jean Bloch est l'autre roi de la nuit qui trône par intérim quand Franky Pipou[1] est en désintox) avait dû attendre deux mois avant d'obtenir un rendez-vous. Mais, en sortant de son cabinet, il avait jeté la cartouche qu'il venait d'acheter en duty free à Maurice (l'île, pas mon beau-frère) et il avait ouvert un nouveau restaurant. Je la regardais d'un air absent tandis qu'une irrépressible envie de fumer me perforait les lobes cérébraux. Je pensais à Maurice (mon beauf, pas l'île) qui ne fume que le soir. S'il y

1. Les noms et prénoms ont été changés.

arrivait, pourquoi pas moi? Devinant mon désarroi, la fille me glissa:

– Tu as essayé la méthode Allen Carr?

– L'Anglais qui est mort d'un cancer des poumons?

– Peut-être, siffla-t-elle, mais avant de mourir, il a découvert que le problème du fumeur, c'est sa peur d'arrêter. Il conseille donc de fumer en lisant son livre.

– Mais si tu continues à ne pas arrêter, tu restes fumeur.

– Peu à peu, tu réalises que ta vraie nature, c'est non-fumeur et que tu n'as donc aucune raison de vouloir continuer à arrêter de fumer. Du coup, tu découvres que c'est très facile de cesser de vouloir arrêter puisque c'est déjà fait et que tu ne ressens aucun manque. Tu as vaincu ta peur et tu es libre de ne pas cesser de continuer d'arrêter. C'est hyper anglo-saxon dans l'approche.

– Et ça marche?

– Bien sûr! Si, à la fin du bouquin, tu as encore envie d'arrêter, c'est que tu n'es pas encore non-fumeur, donc tu recommences. En fait, la méthode est tellement puissante, que le plus dur c'est d'arrêter de la lire. Mais tu peux toujours te faire aider...

TAMALOU (LE)

Là ou là ?

Outre sa collection d'analyses d'urine et d'ordonnances, le tamalou se reconnait à ses boîtes de médicaments alignées devant son assiette, à sa Carte vitale Gold et à sa propension à avoir mal ici, là, et aussi là, quand il fait humide. Il doit son surnom au rictus de souffrance qui déforme ses traits quand on lui demande « Mais enfin bordel, tu as mal où, cette fois ?! » Le tamalou révèle aussitôt avec gourmandise que ses articulations le torturent, son genoux le lance, sa vésicule le tire, sa glycémie le mine, son ulcère le vrille et son nez le coule. Et si vous lui faites remarquer que ce matin même, c'était ailleurs qu'il souffrait, le tamalou vous dévisage, fou d'angoisse : « Toi aussi, tu as remarqué que je radote ? Je n'arrête pas de perdre mes clés, mes cheveux et mes illusions sur la République En Marche. Je vais demander à passer un scanner. Mais en couleurs et dans le privé, parce qu'en noir et blanc à l'hôpital public ils n'ont rien trouvé. »

TÉLÉRAMANE

Culture intensive

Du grec *telera* (ce qui est beau, bien et bon) et *mane* (accro à), le téléramane vit dans un monde exigeant où l'on va au théâtre assister à des mises à nu poignantes, au ciné voir des opus en équilibre au bord du vide et chez son libraire dénicher des romans paroxystiques et carnassiers. Dans notre époque si complexe où les repères sont brouillés et les matchs de la Ligue1 cryptés, le téléramane sait toujours quoi penser. Seul domaine où le doute l'effleure parfois : l'humour. À la sempiternelle question « Peut-on rire de tout ? », le téléramane préfère l'interrogation fondamentale « Peut-on rire tout court ? »

Pour distinguer ce qui est drôle de ce qui fait semblant de l'être, le téléramane applique un principe simple : un bon comique est un comique mort, comme De Funès (devenu subitement génial peu après sa disparition) ou Molière (qui fut pourtant cruel envers les précieuses ridicules).

TERRE D'AVENTURIER

Voyage, voyage

Dès l'aéroport, je repère mon groupe Terdav au milieu des Frameurs en chemises hawaïennes et bermudas qui vérifient dans leurs pochettes en plastique que les boissons sont bien comprises dans le forfait all inclusive. Seul dans mon coin, j'apprends à marcher avec mes Quechua neuves tout en potassant mon guide *Autrement* sur le grand erg Mehedjebat. Peu à peu, notre groupe de marcheurs (un prof d'anglais *single* en post-dépression et des abonnés d'un cours de yoga) se réunit autour d'un guide bourru mais rassurant, notamment au niveau de la chemise Indiana Jones et des poils qui dépassent.

Dans l'avion, la fameuse « dynamique de groupe » Terdav, que je suis venu chercher sans me l'avouer vraiment, s'installe peu à peu. Marie-Victoire distribue des granules de Vomica 5CH contre le mal des transports, Jérôme explique des mouvements de taï-chi pour faciliter la circulation sanguine, le prof d'anglais, qui a pris un Lexomyl et le guide, qui a descendu deux plateaux-repas, font semblant de dormir. Après les inévitables tracasseries douanières (vidage de sac à dos et bakchich de bienvenue), l'aventure commence enfin. Terdav a pensé à tout : vieux chameaux pelés, gourdes en peau, tente en chèvre. En tenue de nomades du désert, les femmes sont protégées du soleil par des draps multicolores qui ne laissent voir qu'un œil, duquel elles surveillent la route et leur placide monture qui connaît la piste par cœur. Les hommes aussi ont adopté la tenue du désert : burnous plissé sous un boubou oversize et barbe Paris-Dakar. Pour parfaire mon look de randonneur à la recherche de son chemin intérieur, j'ai pensé à apporter un foulard d'aviateur façon Saint-Ex et les Ray-Ban de *Top Gun*.

Au fil des jours, sous l'effet du silence total, des paysages sublimes et des oscillations de nos chameaux, les faux-semblants fondent comme nos Caméscopes, les plis cutanés s'enflamment et les rendez-vous avec soi-même se multiplient. Chez les filles, Anne-So ne supporte plus Marie-Victoire, qui ronfle, et a dû changer de tente en pleine nuit. Derrière une dune ancestrale, Valérie a une révélation : elle ne digère pas le lait de chamelle fermenté. Un soir de corvée d'eau, je me demande soudain si je n'ai pas toujours su, secret lové quelque part au fond de mon être intime, que j'aurais mieux fait de réserver à Center Parcs.

Au long de notre piste, aussi nombreuses que les ampoules aux pieds, les amibes dans les gourdes et les étoiles au firmament, les rencontres inattendues se succèdent : passage d'un groupe d'Italiens en quads. Campement de Touareg qui nous offrent un thé à la menthe et des prix sacrifiés sur l'artisanat du désert. Interception par un hélico de la douane volante… Plus tard, à la veillée, Monique réchauffe le ragoût de chèvre centenaire, Édouard raccommode sa tente, Sergine chantonne du Barbara en massant le prof d'anglais qui corrige ses copies en retard. Dans son coin, taciturne et solitaire, le guide bourré mais rassurant consulte ses mails sur son téléphone satellitaire traditionnel.

Pourtant, au-delà des difficultés du chemin et de « l'être-ensemble », je sais déjà qu'à mon retour je rapporterai bien plus que du sable dans les oreilles, des parasites intestinaux et un tapis tribal *made in China*. Je saurai aussi, désormais et pour toujours, que le chameau donne le mal de terre.

TESTS

Coche ta joie

Quel (le) abonné(e) à *Psychologies Magazine* êtes-vous ? Découvrez-le vite grâce à notre test.

Selon vous, pour mieux vivre sa vie et découvrir son moi profond sans faire de concessions à ceux de votre entourage qui refusent de vous voir évoluer, il faut cocher :

△ - Cette case-ci ☐
♣ - Plutôt celle-là ☐
○ - Aucune case ☐

Si vous deviez partir sur une île déserte en n'ayant le droit d'emporter qu'une seule case à cocher, laquelle choisiriez-vous ?

△ - La case ○ ☐
♣ - La case △ ☐
○ - Aucune case ☐

Coincé(e) dans un ascenseur entre Eric Zemmour et Caroline Fourest, vous décidez de faire les tests de *Psychologies Magazine*. **Estimez, sans réfléchir, ce que vous allez obtenir :**

△ - Une majorité de ○ ☐
♣ - Un équilibre parfait entre △ et ♣ ☐
○ - Aucune idée ☐

Résultats

MAJORITÉ de △

Mettez-vous à l'écoute de votre oreille interne.

« Choisir, c'est mourir » disait Lacan. Face aux cases vides, vous n'hésitez pas à en cocher trois d'un coup pour vous rassurer (ce qui fait que vous avez du mal à déterminer si vous êtes plutôt △, ♣ ou ○). Pourquoi ne pas faire le point avec notre test « Êtes-vous prêt(e) à faire le point sur les tests ? »

MAJORITÉ DE ♣

Accouchez de vous-même.

Selon Freud, tout adulte a d'abord été un enfant. L'enfant libre qui survit en vous privilégie la dimension ludico-régressive du test. C'est pourquoi vous lisez la solution avant de cocher (ce qui peut fausser les résultats). Il est temps de faire notre test « Quel type de parent abusif suis-je pour mon enfant intérieur ? »

MAJORITÉ DE ○

Angoisse de castration.

Il est impossible d'obtenir une majorité de ○ à ce test sans tricher. Alors interrogez-vous grâce à notre test « Pourquoi ? »

THÉÂTREUX

Comédie française

Un soir où j'avais oublié la phrase de Topor qui dit que faire du théâtre est l'unique manière de ne pas s'y ennuyer, je me suis retrouvé à la première d'une pièce contemporaine et je n'ai pas pu échapper au dîner d'*aftershow* dans un minuscule restau indien favorisant la promiscuité.

À l'apéro, je les ai d'abord trouvés tous super conviviaux. Le metteur en scène passait son bras autour de la taille d'une comédienne, en asseyait une autre sur ses genoux, faisait un bisou dans le cou à une troisième... Dans leurs coins, d'autres filles se tressaient les cheveux en ligne. Même les mecs se palpaient entre eux, s'ébouriffant les cheveux, se filant des baffes amicales, se pinçant la joue en riant aux éclats. N'ayant pas connu ça depuis le père Philippe chez les scouts, j'ai commencé à me sentir légèrement embarrassé. Le metteur en scène a remarqué mon trouble. Il m'a dit de sa belle voix de documentaire sur les volcans en posant sa main sur mon avant-bras poilu :

– Tu dois nous trouver un peu fusionnels...

– Un peu...

– Tu sais, ce n'est pas pour rien qu'au théâtre on dit qu'on *monte* une pièce. Nous, ça fait trois ans qu'on la tient à bout de bras, celle-là. Forcément, ça crée des liens très forts entre nous. Au théâtre, ce n'est pas comme au ciné ou à la télé, tu ne peux pas tricher. Il faut tout donner cash. Même ce que tu n'as pas.

– Ha, ha, ha ! éclatai-je de rire en me disant qu'il n'était pas aussi chiant que prévu, le vieux à lunettes, puisqu'il déconnait.

Mais le rôle féminin principal de la pièce me détrompa sèchement.

– Je ne vois pas ce que tu trouves de drôle là-dedans. La scène, c'est une école d'authenticité et une histoire de générosité. Si tu ne paies pas en liquide avec tes larmes et ta sueur, le public le sent et il ne te fait pas de cadeau.

Le metteur en abyme me regardait maintenant avec un air aussi content de lui que s'il était Laurent Wauquiez en personne. Les mecs avaient arrêté de se taper sur les doigts avec leurs fourchettes et tout le monde me dévisageait. Je me sentais soudain aussi bienvenu que si je m'étais pointé en string à un dîner chez les Badinter. Comme on n'en était qu'au cocktail bleu offert par la maison et que la soirée s'annonçait longue, j'ai essayé de calmer le jeu :

– Vous avez un autre boulot en dehors du théâtre ? demandai-je en espérant qu'on allait causer intermittents du spectacle, sujet fédérateur où tout le monde peut s'étouffer de colère sans vexer personne.

– Le théâtre, c'est un métier, pas un travail, me renvoya dans les dents le « chef décorateur » (j'ai appris plus tard qu'on dit « scénographe de l'espace du possible »).

– Nous, on n'a jamais de travail si tu veux, m'expliqua un mec plus cool. On fait des rencontres, parfois belles et ça donne ce que tu as vu ce soir. Parfois nases, comme le *Caligula* que Didier a monté en 2005.

– Dans le *Caligula*, la scéno était pourrie, siffla une fille qui avait l'air de connaître Didier. Moi, je veux bien me mettre en danger mais à condition que la prod assure derrière.

Le metteur en pièce en profita pour rappeler qu'il y a une énorme différence *d'essence et de substance* entre la mise en scène, la mise en espace et la scénographie. « Même si c'est trop compliqué à expliquer au profane », ajouta-t-il à mon intention.

Entre l'entrée et le plat principal, le metteur en route sortit un petit livre bleu de sa poche et tout le groupe prit un regard humide d'enfant en ouvrant grand la bouche d'émerveillement. Je vous passe les détails et les postillons, mais c'est ainsi que j'appris qu'on ne doit pas dire « s'emmerder *à* Avignon », mais « assister à la remise en perspective de *Phèdre en* Avignon ». Que l'acteur est *une radio déréglée qui capte les messages de la friture et n'en restitue que des passages transposés.* Qu'il faut *chercher l'Ekklesia d'une solitude par la scénologie d'un dédoublement.*

Que [nos] arcs de triomphe seront toujours des défaites dans les yeux des sans-combats et qu'il est incertain le temps de la rupture d'axe où la lumière s'éteint[1].

Ce à quoi j'ajouterais volontiers que l'acteur doit retenir son texte pour l'empêcher de tomber.

TONGS

Ton pied en string

Au secours, la tong revient! On croyait s'en être débarrassé au siècle dernier et voilà qu'elles sont à nouveau partout, méduses multicolores (voire translucides à paillettes avec marguerite sur le capot), colonisant les plages, les buffets dînatoires, et même les night-clubs. Mais quoi de plus laid que des orteils, rabougris et tuméfiés par une année de chaussure fermée, qui dépassent fièrement sous une fleur en plastique mauve? Les mêmes orteils, mais avec des poils ou des ongles peints.

Les gens de goût passent en premier lieu chez la podo-esthéticienne pour une torture non remboursée: et que je te repousse la cuticule, et que je te t'applique un durcisseur et que je te tire sur la cire... Quant à la démarche en tongs (talons qui dépassent, doigts de

1. Les phrases en italiques sont authentiques et tirées notamment de *Demain le théâtre...* de Jean Lambert-Wild, Éditions Les Solitaires Intempestifs.

pied recroquevillés pour ne pas la perdre, frottement du machin en plastique au niveau du pouce...), elle a tout de celle du pachyderme arthritique. Sans compter que, sous l'effet de la chaleur et de la transpiration, au lieu de produire un petit bruit sec, certes crispant pendant la sieste au bord de la piscine mais décent, la tong se met à couiner... Bref, ce n'est vraiment pas pour rien que les racailles (*cailleras* en verlan) s'insultent à grands coups de « Ta mère en tongs devant Prisu » et se sont mis aux claquettes-chaussettes.

TOURISTE

Lost in excursion

Moi, quand je fais du tourisme, je veux tout voir, tout savoir, tout visiter, tout goûter. Sinon, ça m'angoisse. Pas la peine d'avoir fait toutes ces heures d'avion si c'est pour tremper dans la piscine à débord du *resort*. D'autant qu'on peut toujours faire ça le soir, à la fraîche, quand les chiards sont au buffet folklorique. À l'étranger, tout m'intéresse. J'aime chiner sur les marchés traditionnels, marchander un collier en boules de terre ou un machin ethnique en bois peint, négocier un tour d'âne ou d'éléphant, photographier les trucs à voir, goûter aux plats épicés (bien moins chers que chez Picard), et surtout m'enivrer des anecdotes de notre guide (avant je prenais des notes mais depuis le numérique je filme tout). C'est comme ça que j'ai appris qu'Henri III chaussait du 43 et que si l'on empile les unes sur les autres toutes les pyramides du plateau de Gizeh, on dépasse la hauteur du Kilimandjaro.

Souvent, quand on a beau temps, on vit des moments si parfaits qu'on réalise à quel point notre monde est typique, pittoresque et dépaysant. Pour peu qu'on profite des permissions de sortie pour s'inscrire aux excursions, on découvre par la fenêtre du 4x4 des pays entiers où les potiers sont édentés, les tapis roustonnés à la main, les femmes fières et souriantes. Et on se prend à rêver d'une planète où les classes éco fraterniseraient avec les business class, les Italiens avec les Hollandais, les zones B avec les zones C... Un rêve inaccessible ? Nous sommes pourtant déjà plus de 860 millions chaque année à générer ainsi 611 milliards d'échanges de colliers en terre, de machins ethniques en bois et d'euros.

Quant à moi, cet été, si les Allemands nous lâchent un peu la grappe avec les critères de convergence, je compte bien profiter de la faillite de l'eurozone pour partir à la découverte des merveilles grecques à prix cassé.

TRANSPORTS EN COMMUN

Là-bas, si j'y sue

Dans le train de 6 h 46 qui relie mon océan de boue à la métropole, j'observe tous les petits blancs déclassés dans mon genre et les minorités visibles qui vont bosser, résignés. Difficile de distinguer ceux qui souffrent de *bore-down* (inactivité mortelle) de ceux qui sont au bord du *burn-out* (suractivité fatale) mais globalement, ça sent la frustration et la douche vite expédiée.

Nous approchons de la capitale, les mots fléchés sont déjà faits et les regards déjà las. Une nuée de Roms viennent de monter à bord. Ils sentent le feu de palette et la grillade en plein air. Les poing s se serrent sur les smartphones en *leasing*. Feignant d'ignorer nos regards hargneux, les gens du voyage sans billet nous vérolent les tympans avec *La Bamba* et *Bella Ciao* en yaourt bulgare. Nous grognons, nous raclons, nous pouffons. Ils font la quête pour la forme et descendent enfin, nous laissant en proie à une insatisfaction existentielle que même Cyril Hanouna ne parviendra pas tout à fait à nous faire oublier le soir.

À côté de moi, un cadre en milieu de carrière, feuillette le magazine *Capital*. Un numéro spécial consacré à « l'ascension sociale ». Par dessus son épaule, je découvre les conseils du magazine pour ne plus jamais prendre le train de 6h46 : « savoir se placer dans les réseaux qui comptent ». Peu de gens le savent mais le club de sport Lagardère Paris Racing recrute chaque année 500 nouveaux membres. De quoi décrocher ce poste de Directeur de la stratégie export dont tout le monde rêve en secret.

Sinon, pour les *low-profile*, il reste le bon vieux CV bidonné, les mails directs à Xavier Niel (xavier.niel@orange.fr) ou encore mieux : « les *meet up* de la *French Tech* », sortes de boums pour geeks où les *start-upers* et les *business angels* s'accouplent furtivement derrière les cloisons des open spaces. Ils donneront naissance aux algorithmes de demain qui nous aideront à choisir notre caleçon intelligent, notre mari Bluetooth ou notre religion en ligne.

V COMME...

VACANCES COMMUNAUTAIRES

Ensemble, tout devient possible

« Avec la noblesse d'une bastide, ce mas grassois, restauré dans son jus, à fleur de pierres brutes, ouvre ses volets aux bonheurs simples d'une bande d'amis ou de plusieurs familles », promettait la petite annonce. Comme plan alternatif pour l'été, je n'avais qu'une vague velléité de refaire ma salle de bains. J'ai donc beaucoup hésité, mais pas trop, avant d'accepter les deux semaines pas chères à partager entre amis et pins maritimes. Quand je dis amis, je devrais dire vagues connaissances mais, à vue d'œil, des gens droits qui votent bien, libéraux mais vigilants, austères mais qui se marrent. Pas de grosses engueulades à prévoir donc sauf en cas de discussion pour savoir s'il faut suivre Patrick Cohen sur Europe 1, quitte à supporter la pub ou rester fidèle à France Inter, quitte à supporter Nicolas Demorand.

Le premier jour, tout le monde se retrouva à la piscine, rentra son ventre et sortit son bouquin. J'étais parti avec *Tandis que j'agonise,* de Faulkner, pour bien signifier que j'étais là pour bronzer profond mais une prof de fac désinhibée me prêta quelques *Gala*.

En quelques jours, la grande maison devint un lieu d'échanges et de convivialité où tout le monde s'avoua égal devant le string qui s'enroule et les érythèmes solaires derrière l'oreille.

Chaque matin, la maison s'éveillait aux sons des cigales, des hurlements d'enfants et des sonneries d'iPhone.

– Allô, t'es où ? Sur la côte ?! Ça doit être l'enfer, non ? Nous on est peinards dans l'arrière-pays, à côté de chez Jean-François Kahn. T'entends les cigales ? Takapasser, on fera des pâtes.

Car pour la bouffe aussi, c'était communautaire. Tout le monde s'occupait des courses, de la cuisine et de la bonne franquette. Surtout moi. Ah, les petits marchés de Provence ! Ces accents chantants comme le mistral qui rend fou, ces étals débordant de savonnettes à la lavande, de sirops à la lavande, de bougies à la lavande, de miel à la lavande, de lectrices de *Elle* en paréos lavande. Et les odeurs du Sud : ratatouille, thym (prononcer *tin*), origan, salpêtrière (ou un truc dans ce goût-là), serpolet, batavia en mesclun et batave en famille... Il y avait même parfois un conteur local à la langue d'Oc et bien pendue pour animer les longues soirées de chasse aux moustiques sous les platanes.

Faire la bouffe pour les autres, non seulement ça donne une bonne raison d'échapper à la « balade-cueillette » avec le prof de sciences nat, mais ça rend populaire. Au bout de quelques jours, j'étais en odeur de sainteté et de barbecue. Je connaissais les habitudes de chacun : qui suivait un régime Dukan tout en descendant le Nutella en cachette, qui ne tolérait que la mozzarella bio, qui ne buvait jamais d'eau... L'après-midi, après la sieste et l'aquagym obligatoires (il y avait aussi une prof d'EPS lesbienne dans la bande), on faisait de grands jeux dans l'oliveraie : retrouver le doudou d'un mouflet, le chat d'une colocataire, la télécommande du portail... C'était toujours le chien qui gagnait. Mais c'est surtout le soir que le mas (prononcer *masse*) s'animait. Après quelques apéritifs à la tapenade, les barrières et les lunettes de soleil tombaient aussi vite que des notebooks dans la piscine. Les parents confiaient leurs soucis de parents, les couples leurs problèmes de couples, les célibataires leurs problèmes de Tinder... il n'y a que le metteur en espace qui ne mettait jamais la table. C'est lors du dernier de ces apéros dînatoires qu'une des colocataires qui m'avait ignoré durant tout le séjour se tourna vers moi, me dévisageant soudain comme si c'était la première fois qu'elle voyait un nez pelé couvert de crème La Roche Posay.

– Je ne savais pas que tu étais écrivain…

– Un peu seulement, gloupsai-je en redoutant qu'elle me propose un plan « atelier d'écriture bénévole en ZEP ».

– Écoute, je vais te confier un truc : en plus d'être DRH dans un centre de tri postal, j'écris des chansons, poursuivit-elle. Et j'ai envie de donner sa chance à un jeune auteur comme toi.

– J'adore l'idée d'être jeune…

– Je cherche un truc à la fois fort et entraînant sur les femmes de cinquante ans qui travaillent. À la rentrée, on se bloque un week-end et on bosse ensemble. T'es d'ac ?

Depuis ce soir-là, je me vrille la tête à la recherche de paroles. Pour l'instant, j'en suis à :

« Ève lève-toi et danse avec la vie

Il est temps de penser enfin à toi. »

Pourvu qu'elle ne connaisse pas Julie Pietri.

VERRES EN CRISTAL

Spam suffit

L'intitulé du message est quelque chose du genre : « À méditer » ou « Prends quelques secondes pour regarder ceci »… Il suffit de cliquer sur le fichier joint pour que démarrent un diaporama et une musique de parking. Ensuite, rien à faire. Juste « méditer » en regardant défiler des sommets enneigés, des soleils mordorés qui se couchent dans l'océan irisé, des lionceaux qui jouent dans la savane, une main d'enfant potelée dans celle d'un adulte poilu... L'idée générale, c'est que chaque jour est une vie pour peu qu'on sache regarder les choses avec les yeux bleus d'un enfant qui joue avec un faon et des lionceaux dans le soleil couchant. D'ailleurs, pour les cœurs arides, aveugles et sourds, on en arrive à la question qui dérange : « Qui peut dire où tu seras demain ? », accompagnée de l'histoire de la dame qui ne mettait jamais ses sous-vêtements de fête, radinait sur le champagne et ne sortait ses verres en cristal que pour les grandes occasions. À la fin, la femme meurt brutalement, ses sous-vêtements sont comme neufs, son champagne est éventé et ses verres en cristal tout poussiéreux. Moralité : « Utilise tes verres en cristal tous les jours comme si c'était le dernier[1] (et prends le temps de faire passer ce message à dix personnes que tu aimes vraiment) ».

Une étude récente réalisée sur moi montre que l'effet le plus couramment observé après la réception de ce genre d'invitation est l'envie compulsive de sortir ses verres en cristal pour les faire bouffer à l'expéditeur du message (en le priant de bien vouloir nous lâcher la mailbox).

1. Le dernier jour, pas le dernier verre en cristal.

Prends bien le temps de relire cette phrase et envoie-la à dix personnes que tu aimes vraiment et qui ont des verres en cristal.

VINOMANIAC

Satyre bouchon

Face à un commensal anonyme, pour savoir si vous avez affaire à un vinomaniac, servez-lui un verre de rouge et observez sa réaction. Si le sujet claque la langue en déclarant : « Hé bé, ça fait du bien par où ça passe », il est normal. S'il commence à renifler son verre, à le faire tourner à contre-jour, à en aspirer une lampée pour s'en faire un gargarisme et à tout recracher dans le bac à fleurs, c'est que vous êtes tombé sur un vinomaniac. Réciproquement, si c'est lui qui vous propose un verre, préparez-vous à une heure de « carafage » à 17,3 °C avant d'espérer boire. Quand enfin la bouteille se sera « ouverte », il en prélèvera 35 ml qu'il déposera au fond de votre verre-saladier en cristal, en vous noyant d'informations passionnantes sur l'exposition des coteaux, la composition argilo-calcaire du sol, l'âge du vigneron, la couleur de sa robe (pas celle du vigneron), la forme de sa charpente, et l'épaisseur de ses tanins. Avec le vinomaniac, surtout s'il suit les stages d'œnologie du meilleur sommelier du monde de son quartier, un vin n'est jamais « rouge » il est « grenat », « vieille tuile » ou « feu couvant »... Il n'est pas blanc mais « pierre sèche », « silex », « amande fraîche » et là où vous émettrez un avis définitif du genre « pas dégeu » ou « y cogne, le salaud ! », le vinomaniac va voir du nez, de l'attaque, du milieu de bouche, de la sortie de bouche et du final. Évidemment, chacune de ces étapes a droit à sa gamme d'adjectifs abscons que j'ai résumée pour vous ci-après :

Etapes de la dégustation...	**Expressions courantes**
Nez	Réglisse et rhubarbe. Anis et myrtilles. Tabac et accessoires.
Attaque	Fruits mûrs. Anis étoilé. Brioche au beurre. Quiche au saumon.
Milieu de bouche	Rondeur et puissance. Cuisse et mollet. Charpente et tanin.
Sortie de bouche	Franc dans le cuir. Ombreux dans le boisé. Massif dans le central.
Final	Sidéral. Glacial. Impérial. Spécial. Digital. Végétal. Paradoxal.

Pour finir, je vous offre le truc infaillible pour se débarrasser d'un vinomaniac : déposez, devant lui, deux gros glaçons dans un verre de pouilly-fuissé vieilles vignes et observez-le devenir rouge « tuile et myrtilles » puis blême « pierre sèche » avant de s'étrangler en milieu de bouche.

W COMME...

WELTANSCHAUUNG

Gut befreit hinter den Ohren[1]

Plus mes cheveux tombent, plus ma weltanschauung s'éclaircit. À croire que c'était ma frange Jean-Louis David qui m'empêchait de bien voir les trucs importants.

1. Bien dégagé derrière les oreilles.

Z COMME...

ZEN

Quand le sage lui montre son doigt, le fou regarde la lune

On nous avait prévenus : le XXIe siècle serait spirituel ou ne serait pas. L'idée ne nous enchantait pas forcément : fêtes paroissiales sinistres, confessions en latin, ramadans interminables, burqas mal coupées, bar-mitsva kitch et grand pardon hypercalorique... tout cela sonnait terriblement démodé. Mais soudain, une spiritualité simple, design et débarrassée des vieilles superstitions s'est levée sur l'Occident tout empêtré dans ses rites compliqués : le zen.

Un peu de silence...

... et plein de vide.

Il faut dire que le zen a tout pour lui. Des maîtres chauves mais charismatiques au sourire énigmatique, des mantras faciles à retenir (im, am, om), une iconographie fun façon tortues Ninja, un dress code simple mais élégant (lin, soie, sandales...), des accessoires décoratifs (bol chantant, éléphant blanc...) et une sobriété alimentaire compatible avec la plupart des régimes cranberries et anti-oxydants. Sans compter les peoples et les CSP + qui, toujours plus nombreux, adhèrent à la théorie du renoncement et du détachement, convaincus que le moi, comme l'obtention du Goncourt ou d'une HLM de la Ville de Paris est illusoire passé un certain âge.

À mille lieues des théologies fumeuses, le zen propose quelques notions claires et faciles à méditer: l'impermanence (rien ne dure), le karma (fais le mal aujourd'hui, tu régleras plus tard), le samsara (le problème de la dénatalité est une illusion puisque après la mort il y a la réincarnation), les trois poisons, les quatre vérités, l'octuple chemin... Bref, pour faire corps avec l'esprit dès cette vie sans attendre une hypothétique réincarnation plus conforme à nos attentes légitimes, il suffit de s'inscrire dans un dojo, de s'asseoir en tailleur face au mur et de méditer. En quelques minutes, passé les imaginaires douleurs dans les ligaments croisés du genou, le premier éveil (satori) a enfin lieu. Sous la molle inconsistance du zafu traditionnel en kapok de yak sur lequel on est assis, point, peu à peu, la dure réalité de la réalité du mal au cul.

REMERCIEMENTS

L'auteur énervé ne fait ni une ni deux et remercie sans prendre de gants :

Vincent Haudiquet, pour ses relectures à très haute valeur ajoutée,

Guillaume Zorgbibe, pour ses conseils d'ami et ses textes inspirants,

Marco, sans qui rien.

Certains des textes contenus dans ce petit dictionnaire ont été publiés dans *Fluide Glacial*, *Le Journal du dimanche*, *Jalons*, *Bakchich*, *Le Canard Enchaîné*.

INDEX